Charlotte Landau

Die 100 besten Tipps
Ungeziefer im Haus

Vorbeugen • Erkennen • Bekämpfen

LUDWIG

Inhalt

Winzig, aber ein großer Schädling: Der Holzwurm kann Möbelstücke vollständig ruinieren.

Ein Kräutergarten vor dem Küchenfenster ist eine gute Barriere gegen viele Ungeziefer.

Einführung

Man will es kaum wahrhaben, aber sogar bei unseren fast »überhygienischen« Zuständen taucht immer wieder ein uraltes Problem auf: Ungeziefer im Haus. Oft ist gerade die Tatsache, dass Ungeziefer weitgehend aus unserem Bewusstsein verbannt wird, der Grund für sein vermehrtes Auftreten: Man hält es schlicht nicht für möglich, dass ein Ungezieferbefall überhaupt bei uns vorkommt und lässt deshalb die einfachsten Vorsorgemaßnahmen außer Acht.

Erkennen, womit Sie es zu tun haben

1

Am Anfang jeder Ungezieferbekämpfung steht eine korrekte Bestimmung des Schädlings. Nur so können Sie wirklich effektive Maßnahmen zur Bekämpfung treffen.

Die Unterscheidung zwischen schädlichem und nützlichem Ungeziefer steht am Beginn jeder Schädlingsbekämpfung. Um Ihnen diesen Schritt zu erleichtern, wurde dieser Ratgeber in die Wohnbereiche unterteilt, in denen das jeweilige Ungeziefer überwiegend auftritt.
Damit Unsicherheiten bei der Bestimmung eines Insekts so weit wie möglich ausgeschlossen werden, haben wir am Ende des Buches ein kleines Kapitel über die häufigsten Nützlinge angefügt, denn die harmlosen Florfliegen beispielsweise haben es durchaus nicht verdient, misstrauisch beäugt oder gar bekämpft zu werden!
Sollten Sie mit Hilfe dieses Buches eine Ungezieferart nicht bestimmen können, wenden Sie sich an Ihr zuständiges Gesundheitsamt oder an einen professionellen Schädlingsbekämpfer. Die wichtigsten Adressen hierzu finden Sie auf der hinteren Umschlaginnenseite.

Gefahr erkannt, Gefahr gebannt

Wenn Sie »Ihr« Ungeziefer erkannt haben, lesen Sie das jeweilige Kapitel und alle dazugehörenden Querverweise zu diesem Ungeziefer sorgfältig durch. Wir haben uns bemüht, vor allem umweltschonende

Verfahren zur Ungezieferbekämpfung in den Vordergrund zu stellen, die Sie mit etwas Geduld ohne weiteres selber durchführen können.

Es ist leider eine Tatsache, dass chemische Bekämpfungsmittel irreführend beworben werden. Ausdrücke wie »naturidentisch« oder »Bio« suggerieren eine Harmlosigkeit der Mittel, die nicht gegeben ist. Der Hauptbestandteil von Insektenmitteln sind Pyrethroide, die als Nervengift wirken – und das nicht nur bei Tieren! Gifte sollten daher immer nur kurzzeitig und in kleinem Rahmen angewandt werden.

Vorbeugen ist besser als bekämpfen!

Unsere modernen Lebensbedingungen sind grundsätzlich »ungezieferfeindlich«. Neubauten sind so konzipiert, dass Ungeziefer kaum die Lebensbedingungen findet, die es für seine Vermehrung benötigt, und Schädlingsbefall ist hier in der Regel nur eine vorübergehende Erscheinung, die leicht in den Griff zu bekommen ist.

Anders sieht es dagegen bei Altbauten, Bauernhöfen oder Häusern auf dem Land aus. Hier gibt es zahlreiche potentielle Ungezieferherde wie feuchte Keller, brüchiges Mauerwerk, schlecht schließende Fenster oder alte, undichte Dachstühle. Wenn Sie in einem solchen Haus wohnen, sollten Sie besonderes Augenmerk auf die allgemein vorbeugenden Maßnahmen gegen Ungeziefer richten. Und wenn Sie sich vielleicht gerade mit dem Gedanken tragen, ein Haus zu erwerben, das zu den oben beschriebenen »Problemfällen« gehört, kann Ihnen die aufmerksame Lektüre dieses Buches viel Geld sparen helfen: Ein beispielsweise auf den ersten Blick nicht sichtbarer Befall des Dachstuhls mit Holzwürmern kann den Preis eines Hauses durch hohe Sanierungskosten im Nachhinein empfindlich in die Höhe treiben.

Haben Sie erst einmal einen langwierigen Kampf gegen ungebetene Gäste geführt, werden Sie sicher verstehen, dass Vorbeugen Zeit, Geld und Nerven sparen hilft. Die wichtigsten allgemeinen Maßnahmen hierzu sind in einem gesonderten Kapitel (Seite 80) aufgezählt. Vorbeugende Maßnahmen im Hinblick auf spezielle Ungezieferarten finden Sie in den jeweiligen Abschnitten beschrieben.

2

Besonders bei Altbauten, Bauernhöfen und Häusern auf dem Land sind vorbeugende Maßnahmen ein Muss. Achten Sie deshalb schon beim Kauf eines solchen Hauses auf eventuelle Ungezieferschwachstellen.

Der schnelle Weg zur schnellen Hilfe

Als schnelle Hilfe zur Identifizierung sind die Ungeziefer nach ihrem hauptsächlichen Auftreten in den Räumen einer Wohnung bzw. eines Hauses in den entsprechenden Kapiteln zusammengefasst. Allerdings kann diese Unterteilung nur eine allgemeine Richtlinie sein. So fühlen sich beispielsweise Silberfischchen vor allem im Bad sehr wohl, wohnen aber unter günstigen Bedingungen auch in der Küche oder in anderen Räumen mit hoher Luftfeuchtigkeit. Gleiches gilt für alle anderen Ungezieferarten. Dennoch weist Ihnen die Zuordnung zu den Räumen den Weg zu der wahrscheinlichsten Befallsquelle.

Da die Ermittlung des Befallsherdes der wichtigste Schritt zur erfolgreichen Bekämpfung ist, sollten Sie, selbst wenn Sie das Ungeziefer an untypischen Stellen ausfindig gemacht haben, auch seine sonstigen »Lieblingsorte« sorgfältig untersuchen und gegebenenfalls in die Behandlung mit einbeziehen. In Zweifelsfällen können Sie das Ungeziefer auch fangen und zu einem Fachmann bringen (siehe Adressen auf der hinteren Umschlaginnenseite) oder Sie rufen gleich einen professionellen Schädlingsbekämpfer.

3

Das Auffinden des Befallsherdes ist die wichtigste Voraussetzung zur Bekämpfung von Ungeziefer: Nur so ist auch eine dauerhafte Beseitigung des Ungeziefers im Haushalt gewährleistet.

Natürlich oder chemisch bekämpfen?

Bei den Ungezieferbeschreibungen finden Sie alle Angaben, die speziell auf die Bekämpfung dieses bestimmten Schädlings zugeschnitten sind. Da aber vielen Ungezieferarten mit ähnlichen Bekämpfungsmethoden beizukommen ist, finden Sie in manchen Fällen nur Stichwörter (etwa »Glasfallen« oder »Schädlingsbekämpfer«), die mit Querverweisen versehen sind. Folgen Sie diesen Seitenverweisen und lesen Sie die Anweisungen sorgfältig durch.

In dem Kapitel »Bekämpfungsmethoden« (Seite 84) finden Sie viele einfach durchzuführende Maßnahmen ausführlich beschrieben, die Ihnen gleich mehrere Ungezieferarten auf einen Schlag vom Hals schaffen. Bevor Sie also zur »chemischen Keule« greifen, sollten Sie zuerst den Weg der natürlichen Bekämpfung ausprobieren.

Auswahl der Ungeziefer

Die vorgestellten Ungezieferarten wurden nach ihrem vorwiegenden Auftreten in unseren Breitengraden ausgewählt. Diese Liste kann selbstverständlich keinen Anspruch auf Vollständigkeit erheben, ist aber für alle alltäglich auftretenden Ungezieferarten erschöpfend behandelt. Mäuse und Ratten, die im eigentlichen Sinn des Wortes kein »Ungeziefer« sind, haben als häufig vorkommende ungebetene Hausgäste ebenfalls Platz in diesem Buch gefunden.

Wissenswertes über Nützlinge wie Spinnen, Kellerasseln oder Ohrwürmer finden Sie in einem gesonderten Kapitel (Seite 74).

Zwei eher selten auftretende Arten sind wegen ihrer Gefährlichkeit mit einbezogen worden: Die Pharaoameisen und – obwohl kein Ungeziefer, sondern eine Bakterienart – die Legionellen. Es besteht zwar kein Grund, beim Anblick einer Pharaoameise in Panik zu geraten, Sie sollten aber wissen, was Sie im Ernstfall dagegen tun können.

Die Bekämpfungsmittel

Dieser Ratgeber ist ein Leitfaden zur möglichst chemiefreien Bekämpfung von Ungeziefer, dennoch lässt sich der Einsatz von Chemie nicht immer verhindern. Aus diesem Grund sind in den jeweiligen Kurzbeschreibungen der Ungeziefer die entsprechenden Mittel angegeben, die jedoch nur bei Massenbefall eingesetzt werden sollten. Als Faustregel gilt hier, dass der Einsatz von Chemie – in der Regel handelt es sich um pyrethrumhaltige Mittel – immer nur in einem zeitlich und räumlich begrenzten Rahmen stattfinden sollte. Vorsicht im Umgang mit chemischen Mitteln ist grundsätzlich dann geboten, wenn in Ihrem Haushalt Kinder, Tiere oder asthma- und allergiegefährdete Menschen leben. Genaue Informationen zu Wirkungsweise und Zusammensetzung der chemischen Bekämpfungsmittel finden Sie in dem Kapitel »Chemische Mittel« ab Seite 88. Größere Bekämpfungsaktionen im Haus gehören grundsätzlich immer in die Hände eines erfahrenen Schädlingsbekämpfers (Seite 91).

Eine chemische Bekämpfung sollte nur im Notfall und in räumlich und zeitlich begrenztem Rahmen stattfinden. Im Zweifelsfall hilft ein professioneller Schädlingsbekämpfer.

In der Küche

Die Küche ist, im Hinblick auf Ungezieferbefall wohl der sensibelste Bereich in der Wohnung. Hier finden viele Kleinstlebewesen die Bedingungen vor, die sie für ihr Überleben benötigen: Feuchtigkeit, Wärme und Nahrung. Der Ort der Nahrungszubereitung sollte daher immer in einem hygienisch unbedenklichen Zustand gehalten werden. In diesem Kapitel erfahren Sie, wie Sie Ungeziefer in der Küche los werden und wie Sie Ihre Küche zu einem »Bollwerk« gegen ungebetene Gäste machen.

Backobstkäfer *(Carpophilinae)*

Dieser Käfer kommt in unseren Breiten zwar selten vor, er richtet aber Schaden an Lebensmitteln an und gilt als bedingt schädlich

Aussehen 2 bis 4,5 mm lang; rostrote bis dunkelbraune Färbung. Die lang gestreckten und weichhäutigen Larven des Backobstkäfers sind elfenbeinfarben.

Vorkommen Der Backobstkäfer ist in den wärmeren Zonen Mitteleuropas beheimatet und wird meistens über Lebensmitteltransporte bei uns eingeschleppt. Vor allem in Getreidemühlen und in Bäckereien kann der Backobstkäfer mitunter zu einer regelrechten Massenplage werden.

Die Backobstkäfer kommen auch in original verpackten Lebensmitteln vor.

Befall Besonders ölhaltige Samen (Nüsse, Mandeln, Sesamsamen), Reis, Getreide, getrocknetes Obst (Rosinen, Pflaumen, Datteln).

Schäden An der befallenen Ware entsteht Larvenfraß. Die Nüsse haben winzige Löcher, am Grund der Tüten findet sich Fraßmehl. Befall kommt auch bei original verpackten Lebensmitteln vor. Ein versehentlicher Verzehr der Lebensmittel ist nicht schädlich!

Vorbeugung Kontrollieren Sie die entsprechend gefährdeten Waren in Klarsichtverpackungen schon im Geschäft. Bewahren Sie bereits geöffnete Packungen nur in fest verschließbaren Behältern mit Gummidichtungen auf. Damit vermeiden Sie ein »Infizieren« von unberührter Ware mit eingeschleppten Käfern.

Bekämpfung Werfen Sie stark befallene Lebensmittel weg. Reinigen Sie den Lagerungsort gründlich mit dem Staubsauger und entsorgen Sie den Beutel anschließend sofort im Freien. Wischen Sie die betroffenen Fächer im Schrank mit Essigwasser aus. Frieren Sie schwach oder gar nicht betroffene Ware vorbeugend über mehrere Tage ein. Wiederholen Sie den Vorgang bei erneutem Befall.

5 **Vermeiden Sie in Ihrer Küche feuchte und dunkle Schlupfwinkel und sorgen Sie für ein gleichmäßig trockenes Raumklima.**

6 **Fraßmehl in Mandel- oder Trockenobstpackungen und Löcher in Nüssen oder Früchten weisen auf Backobstkäfer hin.**

9

Blauer Brummer *(Calliphora vicina)*

Sie gehören zu den Schmeißfliegen und sind gesundheitsschädlich*, da sie oft Aasfliegen sind und Nahrung bakteriell verunreinigen.*

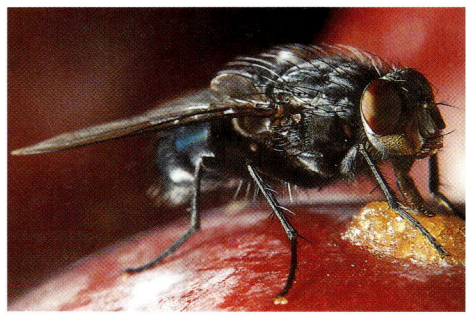

Der Blaue Brummer legt seine Eier besonders gern in frischem Fleisch ab.

Aussehen 9 bis 13 mm lange Schmeißfliegen; sie schillern schwarz-bläulich oder auch grünlich-golden.

Vorkommen Blaue Brummer, auch Fleischfliegen genannt, werden durch Fleisch- und Aasgeruch über mehrere Kilometer angelockt. Die Eiablage – in der Regel sind es 50 bis 100 Eier pro Gelege – findet in sich zersetzenden Lebensmitteln tierischer Herkunft statt. Die Larven brauchen für ihre Entwicklung nur etwa zwei Wochen.

Befall Verdorbene und frische Lebensmittel, die tierisches Eiweiß enthalten wie beispielsweise: Käse, Fleisch, Wurst oder Eierspeisen.

Schäden Die Maden sind mit bloßem Auge in der betroffenen Ware zu erkennen. Die befallenen Lebensmittel werden mit nahrungszersetzenden Keimen verunreinigt. Eine Übertragung von Krankheitskeimen durch Schmeißfliegen auf den Menschen ist möglich.

Vorbeugung Geruchsquellen sofort entfernen. Abfälle nur in dicht schließende Behälter geben und den Mülleimer regelmäßig reinigen. Verderbliche Lebensmittel immer abgeschlossen und kühl lagern.

Bekämpfung *Mechanisch:* Befallene Lebensmittel im Freien entsorgen, Geschirr sofort reinigen, um keine neuen Fliegen anzulocken. Fliegengitter an den Fenstern anbringen (Seite 88). Leimfänger in der Nähe von Fenstern oder Lampen aufhängen. Enghalsige Flaschen (Glasfallen) mit einer süßen Flüssigkeit gefüllt aufstellen.
Natürlich: Kleine Lappen mit Zitronen- oder Nelkenöl tränken und an den Fenstern aufhängen. Alternativ dazu können Sie das ätherische Öl auch in einer Duftlampe verdampfen lassen (Seite 85).

7

Lassen Sie keine Fleischabfälle offen herumliegen. Schmeißfliegen können durch den Geruch von verwesendem Fleisch sogar über mehrere Kilometer (!) angelockt werden.

Brotkäfer *(Stegobium paniceum)*

Der Brotkäfer ist ein Vorratsschädling und Allesfresser. Hat er sich erst einmal in einem Haushalt eingenistet, ist nichts vor ihm sicher.

Aussehen 2 bis 3 mm lang; ovaler, hellbrauner Körper mit zarten, gelben Haaren. Die etwa 5 mm langen, weiß behaarten Larven haben einen bräunlichen Kopf.

Vorkommen Die Larven dieses typischen Allesfressers entwickeln sich hauptsächlich in pflanzlichen Produkten, sind aber auch in Lebensmitteln tierischen Ursprungs zu finden. Neben den privaten Haushalten sind vor allem Bäckereien, Drogerien und Apotheken betroffen.

Der gefräßige Brotkäfer gehört zu den am häufigsten im Haushalt vorkommenden Vorratsschädlingen.

Befall Vor allem Mehlprodukte, getrocknete Kräuter und Gewürze, Kaffee, Kakao, Schokolade, Tabak, Leder, Bucheinbände, Bilder etc.

Schäden Holzwurmartige Löcher in befallenem Material (auch in Pappe, zum Teil sogar in fester Plastikfolie!). Klumpenbildung an gemahlenen Produkten. Ein versehentlicher Verzehr des Brotkäfers oder seiner Larven ist nicht gesundheitsgefährdend.

Vorbeugung Trockenvorräte möglichst unter 16 °C lagern. Vorräte in dicht schließenden Behältern aufbewahren. Kontrollieren Sie Waren in Klarsichtpackungen schon im Geschäft auf Ungezieferbefall.

Bekämpfung *Mechanisch:* Stark befallene Lebensmittel vernichten. Den Lagerungsort gründlich mit dem Staubsauger reinigen, unzugängliche Ritzen mit einem Fön erhitzen und den Platz anschließend mit Essigwasser auswischen. Schwach betroffene Lebensmittel können auf 60 °C erhitzt oder 1 Woche bei −18 °C eingefroren werden. Wie viele Insektenarten zieht es auch den Brotkäfer zum Licht und zur Wärme. Vereinzelt vorkommende Käfer fliegen zum Fenster und können dort aufgesammelt und ins Freie befördert werden.

Einen Befall durch Brotkäfer erkennen Sie vor allem an den holzwurmartigen Löchern in Lebensmitteln und Materialien.

Deutsche Schabe *(Blatella germanica)*

Die Deutsche Schabe ist *gefährlich**, da sie Krankheitskeime wie Salmonellen, Viren, Pilze, Bakterien oder Bandwürmer überträgt.*

Deutsche Schaben werden umgangssprachlich auch Kakerlaken genannt.

Aussehen 11 bis 13 mm lang; dunkelgelber bis schwarzbrauner, platter Körper, Vorderflügel verkürzt und versteift. Dunkle Längsstreifen auf gelblichem Halsschild. Weltweit 3500 Arten, etwa 20 davon bei uns heimisch.

Vorkommen Die Schaben, auch Kakerlaken genannt, bevorzugen dunkle, feuchte Schlupfwinkel, etwa unter Spülbecken oder Kühlschränken. Sie sind eine besonders hartnäckige Plage in Krankenhäusern und Restaurants.

Befall Die Küchenschabe ist ein typischer Allesfresser. Als nachtaktives Insekt, das erst in der Dämmerung tätig wird, frisst sie alle Abfälle und Lebensmittel tierischer sowie pflanzlicher Herkunft.

Schäden Befraß von festen Materialien. Verunreinigung mit Mikroorganismen, die für Menschen gefährlich sind: Salmonellen, Viren, Pilze und Bakterien sowie Eier von Band- und Spulwürmern.

9

Das Vorgehen bei einer Schabenplage im Haus ist kompliziert. Nicht zuletzt wegen der gesundheitlichen Risiken empfiehlt es sich hier, die Hilfe eines Schädlingsbekämpfers in Anspruch zu nehmen (Seite 91).

Vorbeugung Sorgen Sie für ein möglichst sauberes und trockenes Raumklima und dichten Sie Schlupfwinkel ab (Seite 80).

Bekämpfung *Mechanisch:* Nur bedingt wirksam mit Schabenklebefallen. Sie dienen dem erfahrenen Schädlingsbekämpfer lediglich als Mittel zur Befallserhebung, denn man kann hiermit nur Einzeltiere fangen, die mit ihrem Erscheinen in aller Regel auf eine Vielzahl versteckter Artgenossen hinweisen.
Chemisch: Schlupfwinkel mit Borsäure besprühen und abdichten. Zur Bekämpfung eignen sich auch Pyrethrum, Bioallethrin und Bioresmethrin. In der Regel kann bei einer Kakerlakenplage nur der professionelle Schädlingsbekämpfer wirkungsvoll helfen (Seite 91).

Dörrobstmotte *(Plodia interpunctella)*

Als Vorratsschädling ist sie die häufigste schädliche Ungezieferart in Süßwaren, Müsli, Trockenobst, Trockengemüse oder Nüssen.

Aussehen 8 bis 10 mm lang; die vorderen Flügelspitzen sind bronzefarben bis rotbraun, die Hinterflügel grau; sieht im Ruhezustand wie ein kleiner Schmetterling aus. Die fettig glänzenden, bis zu 13 mm langen Larven sind hellrosa bis hellgrün mit einem rötlich-braunen Kopf.

Vorkommen Die Larven bevorzugen während der Verpuppung dunkle Ecken und Winkel, zum Beispiel hinter Türrahmen, in Türschlössern oder Ritzen in Regalen.

Die Larven der Dörrobstmotte sind die eigentlichen Vorratsschädlinge.

Befall Besonders Süßwaren (zum Beispiel Schokolade, Früchteriegel oder Pralinen), Trockenobst, Müslimischungen, Wal- und Haselnüsse, Mandeln, Gewürze, Trockengemüse, Getreide und Mehl.

Schäden Fraßspuren und Verunreinigung der befallenen Lebensmittel durch Gespinstbildung (oft mit Kot behaftet). Ein versehentlicher Verzehr der Insekten ist allerdings nicht gesundheitsschädlich.

Vorbeugung Lagern Sie Vorräte immer gut verschlossen, vor allem trocken und kühl: Unter 18 °C können sich die Tiere nicht entwickeln! Kontrollieren Sie lange lagernde Lebensmittel regelmäßig. Bewahren Sie Vorräte am besten in dicht schließenden Behältern auf und legen Sie mit Nelken gespickte Zitronen an den Lagerort.

Bekämpfung *Mechanisch:* Stark befallene Lebensmittel immer sofort vernichten. Lagerorte gründlich reinigen und anschließend die Ritzen und die Türschlösser mit einem Fön erhitzen. Den Schrank mit Essigwasser auswischen. Lebensmittel mit leichtem Befall im Backofen 1 Stunde auf 60 bis 70 °C erhitzen oder 1 Woche einfrieren. *Chemisch:* Leimfallen mit Sexuallockstoffen auslegen (Seite 89).

10

In Müslimischungen fühlt sich die Dörrobstmotte am wohlsten. Bewahren Sie solche Produkte deshalb nur in fest verschließbaren Behältern auf.

Echte Fliege *(Musca domestica)*

In ländlichen Gebieten können Fliegen im Sommer zu einer richtigen Plage werden. Sie sind schädlich, da sie Krankheitskeime übertragen.

Stubenfliegen vermehren sich unter günstigen Bedingungen außergewöhnlich schnell.

Aussehen Die große (7 bis 8 mm) und kleine (3 bis 5 mm) Stubenfliege unterscheiden sich nur durch ihre Größe. Sie haben einen schwarzgrauen Körper, große Facettenaugen und durchsichtige, zart gemaserte Flügel.

Vorkommen Fliegenlarven entwickeln sich in fauligen Substanzen wie in Kot und Kadavern. Auf dem Land kommen Fliegen sehr häufig in Schwärmen in der Nähe von Viehställen, Kompost- und Misthaufen vor.

Schäden Fliegen können besonders in ländlichen Gebieten im Sommer zu einer Plage werden. Sie sind außerdem Überträger von vielen Krankheitskeimen. Vor allem offen stehende Nahrungsmittel werden von Fliegen durch Keime, Eiablage und Larven verdorben.

Vorbeugung Lebensmittel während der warmen Monate nie offen stehen lassen: Mit Gazehauben abdecken oder in geschlossenen Gefäßen aufbewahren. Fenster mit Fliegengittern sichern. Komposthaufen oder Bio-Abfalltonnen aus der unmittelbaren Nähe des Hauses entfernen. Fleischreste immer in Zeitungspapier gewickelt entsorgen!

11

Fliegen mit chemischen Sprays zu bekämpfen, kann ziemlich ungesund werden! Versuchen Sie es lieber mit einem Fliegengitter vor dem Küchenfenster, mit Kräutern oder ätherischen Ölen!

Bekämpfung *Mechanisch:* Beleimte Gelbtafeln aufhängen. Enghalsige, mit einer süßen Flüssigkeit gefüllte Flaschen aufstellen (Seite 88). UV-Lampen, die mittels eines Stromgitters die Fliegen töten, im Haus anbringen (die Anwendung im Freien ist verboten!). Für einzelne Tiere reicht zur Bekämpfung die altbewährte Fliegenklatsche.
Natürlich: Zitronen mit Nelken spicken und im Raum auslegen (Seite 86). Ätherische Öle in Duftlampen verdampfen lassen (Seite 85).
Chemisch: Nur bei einem Massenbefall Pyrethrum, Bioallethrin oder Bioresmethrin einsetzen (Seite 89).

Essigfliege *(Drosophila melanogaster)*

Essigfliegen beschleunigen die Fäulnisprozesse bei Lebensmitteln. Sie sind nur bedingt schädlich, da sie keine Krankheiten verbreiten.

Aussehen 3 bis 5 mm lang; rötlich-braune, leicht durchsichtig wirkende Färbung; Fleckenzeichnung oder Querbänder auf den Flügeln. Essigfliegen, auch Taufliegen genannt, treten meistens in größeren Schwärmen auf.

Befall Obst, Fruchtsäfte, eingemachte Früchte, Bier, Wein und Milch. Die Essigfliege legt ihre Eier dort ab, wo sie auch ihre Nahrung aufnimmt. Die Entwicklungszeit der Fliegenlarven beträgt bei 20 °C etwa 30 Tage.

Charakteristisch für die Essigfliege ist ihr zartes, durchsichtig wirkendes Aussehen.

Schäden Durch Verunreinigung kommt es zur Gärung von befallenen Lebensmitteln und Pflanzensäften. Der Larvenfraß der Essigfliege beschleunigt den Fäulnisprozess von Früchten und Gemüse.

Vorbeugung Komposthaufen oder Bio-Abfalltonne aus der Nähe des Hauses entfernen. Obst und Gemüse vor allem im Sommer bei höchstens 10 °C lagern – dadurch wird die Entwicklung der Larven verhindert. Verderbliche Nahrungsmittel im Kühlschrank aufbewahren. Leere Saftflaschen aus der Küche entfernen. Beim Kochen und Essen die Fenster geschlossen halten.

Bekämpfung *Mechanisch:* Befallene Lebensmittel vernichten. Im Fachhandel erhältliche so genannte Kuppelfallen anbringen. Sie sind nach oben hin geschlossen und können im unteren Teil mit einer Lockflüssigkeit, etwa mit einer Saft-Essig-Mischung, gefüllt werden. Gelbtafeln in der Nähe von Fenstern und Lichtquellen aufstellen. *Natürlich:* Mit Nelken gespickte Zitronen auslegen (Seite 86). Ätherische Öle (zum Beispiel Lavendel) in einer Duftöllampe verdampfen lassen oder auf den Fensterrahmen tropfen (Seite 85). Brennnessel- oder Basilikumbüschel auf die Fensterbank legen (Seite 86).

12

Beseitigen Sie sofort faulendes Obst oder leere Saftflaschen mit kleinen Neigen, denn sie sind die bevorzugten Nährböden der Essigfliege.

Getreideplattkäfer *(Oryzaephilus surinamensis)*

Der Getreideplattkäfer ist nur bedingt schädlich, *kann aber in großen Lebensmittellagern erhebliche Materialschäden anrichten.*

Die seitlich gezackten Halsschilder sind das Erkennungsmerkmal des Getreideplattkäfers.

Aussehen 2,5 bis 4 mm lang; länglicher, brauner Körper mit seitlich gezackten Halsschilden. Die glänzenden Larven sind gelblich-weiß und werden 3 bis 4 mm lang. Die Käfer haben eine Lebensdauer von etwa 5 bis 9 Monaten und können sogar bei Minustemperaturen überleben.

Vorkommen Ein weltweit verbreiteter Vorratsschädling. Die Larven des Käfers benötigen für ihre Entwicklung allerdings einen kohlenhydratreichen Nährboden.

Befall Alle Getreidesorten und Getreideprodukte, Backobst, Nüsse, Rosinen und andere kohlenhydratreiche Lebensmittel.

Schäden Verunreinigtes Getreide lässt sich schlecht mahlen und weiterverarbeiten, Getreideprodukte werden klumpig und feucht.

Vorbeugung Vorräte unter 20 °C lagern, dadurch wird die Vermehrung des Schädlings gestoppt. Kontrollieren Sie vor allem länger lagernde Getreideprodukte auf eventuellen Befall hin. Bewahren Sie Ihre Vorräte in fest verschließbaren Behältern auf.

13

Vom Getreideplattkäfer befallene Lebensmittel können an Tiere verfüttert werden, wenn sie vorher mindestens zwei Stunden tiefgefroren wurden.

Bekämpfung *Mechanisch:* Befallene Lebensmittel vernichten, Vorratsräume gründlich mit dem Staubsauger reinigen und den Beutel anschließend sofort im Freien entsorgen. Schwer zugängliche Stellen wie Ecken oder Ritzen mit dem Fön erhitzen. Nur schwach betroffene Lebensmittel etwa eine Woche bei –18 °C einfrieren.
Chemisch: Nur bei Massenbefall Pyrethrum einsetzen (Seite 89).
Natürlich: Geben Sie Lorbeerblätter in Ihre Getreide- und Mehlvorräte und lagern Sie eine mit Nelken gespickte Zitrone (Seite 85) zwischen Ihren Lebensmitteln. Essigwasser verdampfen lassen.

Kleiner Tabakkäfer *(Lasioderma serricorne)*

Dieser Käfer stammt ursprünglich aus Tabaklagern. Als Allesfresser ist er zwar bedingt schädlich, *aber nicht gesundheitsgefährdend.*

Aussehen 2 bis 4 mm lang; braunrot bis braungelb mit grauen Härchen. Sehr leicht mit dem Brotkäfer zu verwechseln, der nur wenig größer als der Tabakkäfer ist.

Vorkommen Der Kleine Tabakkäfer ist in den wärmeren Zonen Mitteleuropas heimisch und wird über Lebensmitteltransporte bei uns eingeschleppt. In unseren Breitengraden ist der Käfer eher selten, da für die Larvenentwicklung eine Temperatur von 21 °C benötigt wird. Zu einer Massenplage wird der Käfer nur in beheizten Räumen und bei hohen Lagertemperaturen. Im Winter gehen die Tiere ein!

Der allesfressende Tabakkäfer ist seinem Verwandten, dem Brotkäfer, sehr ähnlich.

Befall Tabakprodukte, Gewürze, Kakao, Trockenobst, Reis, Nüsse, Milch, Käse, Fleisch, Trockenfutter für Hund oder Katze.

Schäden Verunreinigung durch Larvenfraß, starke Verklumpung der befallenen Lebensmittel. Die engerlingsartigen Larven des Tabakkäfers entwickeln sich im Inneren des Nährsubstrates.

Vorbeugung Entwicklung und Vermehrung der Tiere werden durch Lagerung der Vorräte unter 21 °C gestoppt. Gefährdete Vorräte sollten Sie immer in dicht schließenden Behältern aufbewahren.

14

Der Tabakkäfer braucht zu seiner Vermehrung mindestens 21 °C. Wenn Sie Ihre Vorräte kühler lagern, sind Sie diese Käferplage schnell los.

Bekämpfung *Mechanisch:* Die betroffenen Lebensmittel vernichten, Lagerorte mit dem Staubsauger reinigen und den Staubbeutel dann sofort im Freien entsorgen. Wischen Sie den Lagerungsort danach mit Essigwasser aus. Schwach befallene Lebensmittel 1 Woche bei etwa 18 °C tiefgefrieren, um Larven und Eier abzutöten. Das anschließende Verfüttern an Tiere ist unbedenklich.
Chemisch: Pyrethrumhaltige Sprühmittel verwenden (Seite 89).

Kräuterdieb *(Ptinus fur)*

Kräuterdiebe sind typische, nicht gesundheitsgefährdende Allesfresser und bedingt schädlich. Sie können wertvolle Sammlungen vernichten.

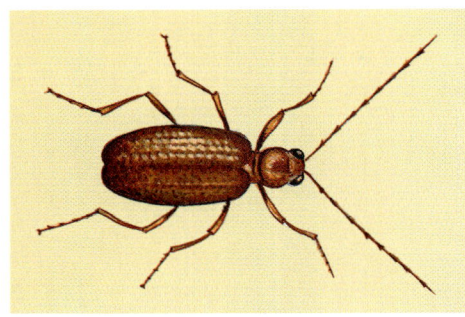

Vor allem in Apotheken kann der Kräuterdieb großen Materialschaden anrichten.

15

Besonders hinter Fußbodenleisten findet der Kräuterdieb prächtige Lebensbedingungen. Hier erzielen Sie mit insektiziden Lacken eine hervorragende Wirkung.

Aussehen 2 bis 4 mm lang; die Männchen sind schmal, die Weibchen eiförmig. Nur die Weibchen tragen vier deutlich erkennbare helle Flecken auf den Flügeldecken. Die weiß behaarten Larven haben einen braunen Kopf.

Vorkommen Befällt vor allem Vogelnester und gelangt von dort aus in Gebäude. Die Larven entwickeln sich bevorzugt in Heilkräutern wie Kamille oder Pfefferminze, aber auch in Gewürzen wie Pfeffer oder Paprika.

Befall Typischer Allesfresser: befällt Backwaren, Getreideprodukte, Schokolade, Dörrgemüse, Heilkräuter, Gewürze, Samen aller Art, Trockenfutter, Wollstoffe, Pelze, Leder, ausgestopfte Tiere.

Schäden Fraß und Verunreinigung von Lebensmitteln durch die zahlreichen, engerlingsartigen Larven des Kräuterdiebs. Textilien und andere betroffene Waren weisen kleine runde Löcher auf.

Vorbeugung Nur die Beseitigung der Befallsquelle hat Aussicht auf dauerhaften Erfolg. Die Befallsquelle ist am massenhaften Vorkommen der Larven zu erkennen. Achten Sie besonders auf Vogelnester und entfernen Sie diese von Balkonen und Fensterbrettern.

Bekämpfung *Mechanisch:* Befallene Lebensmittel vernichten, auch scheinbar verschonte Behälter gründlich kontrollieren. Bei vereinzelt auftretenden Tieren zum altbewährten Schuh greifen.
Chemisch: Bei starkem Befall Präparate mit Austreibeffekt einsetzen, zum Beispiel Blattanex®-Spezialspray. Alle Ritzen, Fugen und Schlupfwinkel (Fußbodenleisten!) in die Behandlung mit einbeziehen. Eventuell einen Schädlingsbekämpfer (Seite 91) kommen lassen.

Mais-, Korn-, Reiskäfer *(Sitophilus spec.)*

Dieser bedingt schädliche Käfer lässt Getreide und Reis verschimmeln und gären. Aus Getreidefabriken gelangt er in den Haushalt.

Aussehen 3 bis 4 mm lang; dunkelbraune bis schwarze Färbung; perlschnurartig gegliederter Körper mit leicht angewinkeltem Kopf; helle Flecken auf den Flügeln.

Vorkommen Die Käfer werden aus Getreidemühlen, Getreidefabriken, Lagerhäusern und Silos, wo sie mitunter größeren Materialschaden anrichten, durch Warentransfer in die Privathaushalte eingeschleppt. Bei gleichmäßig warmen Temperaturen können sich innerhalb eines Jahres mehrere Generationen von Käfern entwickeln. Zur echten Plage werden die Käfer im Haushalt allerdings nur selten.

Der Kornkäfer bohrt Löcher in die Getreidekörner und legt dort seine Eier ab.

Befall Getreideschädlinge, die sich gelegentlich auch in Teigwaren (Nudeln), Hartweizengrieß und grob gequetschten Getreideflocken einnisten können. Die Larven entwickeln sich im Inneren der Körner und sind daher mit bloßem Auge nicht zu erkennen.

Schäden Körnerfraß durch die Entwicklung der Larven innerhalb des Korns. Das Mehl verliert seine Backfähigkeit und riecht muffig.

Vorbeugung Wegen der Einschleppung in den Haushalt durch geschlossene Verpackungen ist keine Vorbeugung möglich. Prüfen Sie Ware in Klarsichtverpackungen am besten schon beim Kauf.

Bekämpfung *Mechanisch:* Befallene Lebensmittel sofort vernichten! Die Weitervermehrung wird bei Temperaturen unter 12 °C gestoppt. Ganze Getreidekörner vor dem Gebrauch in kaltem Wasser waschen (siehe Tipp) und anschließend im Ofen auf etwa 70 °C erhitzen. Getreideprodukte nur in dicht schließenden Gefäßen aufbewahren. *Chemisch:* Nicht empfehlenswert, da die Käfer äußerst »zäh« sind.

16

Waschen Sie Getreide vor dem Gebrauch in einer Schüssel mit kaltem Wasser. Körner, die auch nach mehrmaligem Umrühren noch an der Oberfläche schwimmen, sind vom Kornkäfer befallen.

Mehlkäfer *(Tenebrio molitor)*

Ein Massenbefall durch Mehlkäfer ist in Privathaushalten selten. Sie sind bedingt schädlich ***und keine Gefahr für die Gesundheit.***

Bäckereien und Getrei-demühlen bieten dem Mehlkäfer die idealen Lebensbedingungen.

Aussehen 13 bis 18 mm lang; dunkelbraun bis schwarz mit gepunkteten Streifen auf den Flügeln. Die glänzenden, gelblich-braunen Larven – die so genannten Mehlwürmer – sind bis zu 3 cm lang. Die Entwicklung der Larven dauert unter guten Bedingungen bis zu 13 Monaten.

Vorkommen Bäckereien, Mühlen, alle Getreide verarbeitenden Betriebe, sehr selten in privaten Haushalten, aber häufig in Tauben- und Spatzennestern am Haus.

Befall Getreide, Mehl und Getreideprodukte wie Müslimischungen. Der Mehlkäfer lebt aber auch von tierischen Produkten oder von Abfall und Kot wie etwa in Tauben- und Spatzennestern.

Schäden Aufgrund der langsamen Larvenentwicklung richten die Käfer kaum nennenswerte Fraßschäden an. Das Mehl verklumpt stark, riecht muffig und verliert seine Backfähigkeit; pflanzliche Lebensmittel werden durch den Larvenfraß ungenießbar.

17

Verarbeiten Sie Mehl und Getreideprodukte möglichst schnell und lagern Sie keine Reste über einen längeren Zeitraum! Da die Entwicklung der Larven ganze 13 Monate dauert, können Sie somit einen Befall leicht vermeiden.

Vorbeugung Bewahren Sie Ihre Mehl- und Getreidevorräte nur in fest schließenden Behältern auf. Entfernen Sie alle Tauben- und Spatzennester aus der Nähe Ihrer Wohnung, da Mehlkäfer von dort aus in Ihre vier Wände »einwandern« können.

Bekämpfung *Mechanisch:* Befallene Lebensmittel vernichten. Getreide vor dem Verbrauch gründlich waschen. Körner, die auch nach mehrmaligem Umrühren noch an der Oberfläche schwimmen, sind von Larven befallen. Schwach betroffene Vorräte im Backofen auf 70 °C erhitzen. Larven und Eier im Mehl aussieben und vernichten. *Chemisch:* Nur in Großbetrieben bei einem Massenbefall notwendig.

Mehlmotte *(Ephestia kuehniella)*

Bereits eine Motte in der Küche sollte Sie veranlassen, Ihre Vorräte zu überprüfen, da Mehlmotten schädlich und äußerst hartnäckig sind.

Aussehen 20 bis 25 mm lang; silbergrau mit schwarz gefleckter Maserung, Flügelspannweite 2 cm. Helle oder dunkle Zickzackmuster auf den bläulich oder rötlich gefärbten Vorderflügeln. Die weißen, manchmal auch grünlichen oder rötlichen Raupen sind etwa 2 cm lang.

Vorkommen Getreidemühlen und Privathaushalte. Die Raupen verlassen das Nährsubstrat und verpuppen sich in geschützten, dunklen Ecken, Ritzen und Türschlössern.

Die silbergraue Mehlmotte kann in Ihrem Küchenschrank zu einer richtigen Plage werden.

Befall Mehl und Getreideprodukte sowie Teigwaren; Nüsse, Hülsenfrüchte, Kakao und Schokolade, Trockenobst, Müslimischungen.

Schäden Larvenfraß, Verklumpung und Verunreinigung durch Kot. Die betroffenen Lebensmittel sind von einem feinen Gespinst überzogen. Auch der nicht befallene Teil der Vorräte wird meist unbrauchbar. Durch Larvenkot entstehen Nährböden für Pilze und Bakterien.

Vorbeugung Die Mehlmotten werden meistens beim Einkauf eingeschleppt. Untersuchen Sie geschlossene Klarsichtverpackungen deshalb schon im Laden auf einen möglichen Ungezieferbefall. Lange lagernde Vorräte sollten Sie regelmäßig überprüfen.

18

Motten mögen den Geruch von Essig nicht. Stellen Sie deshalb eine Essigflasche ohne Verschlusskappe zwischen Ihre Vorräte.

Bekämpfung *Mechanisch:* Befallene Lebensmittel vernichten. Getreideprodukte in dicht schließenden Gefäßen aufbewahren. Schwach betroffene Vorräte bei 60 °C im Backofen erhitzen oder etwa 1 Woche bei -18 °C tiefgefrieren. Lagerungsorte gründlich mit Essig reinigen, Ecken und Ritzen anschließend mit einem Fön erhitzen.
Chemisch: Nur bei Massenbefall mit Spray bekämpfen oder Leimfallen mit Sexuallockstoffen (Pheromonen) auslegen (Seite 89).

Pharaoameise *(Monomorium pharaonis)*

Die winzigen Ameisen sind in unseren Breiten zwar selten, aber als Infektionsüberträger sehr gefährlich und deshalb auch meldepflichtig

Die erst in diesem Jahrhundert bei uns eingeschleppten Insekten heißen Pharaoameisen, weil man sie mit einer altägyptischen Plage in Verbindung setzte.

Aussehen 1,5 bis 2,5 mm lang; hellgelb bis bernsteinfarben; die kleinste der bekannten Ameisenarten. Im Gegensatz zu den Hausameisen sind Brust und Hinterleib durch ein zweiknotiges Körperglied miteinander verbunden.

Vorkommen Die ursprüngliche Heimat der Pharaoameisen ist Indien. In unseren Regionen bevorzugen sie große, warme Gebäude (Krankenhäuser, Großküchen, Hallenbäder, Sanatorien, Hotels), in denen sie sich durch Heizungs- und Lüftungsschächte verteilen. In privaten Haushalten besiedeln sie besonders gern die warmen Rückseiten von Herden, Warmwasserspeichern, Kühl- und Gefrierschränken. Pharaoameisen sind bei schlechten Brutbedingungen in der Lage, innerhalb kürzester Zeit (etwa 30 Minuten) ein ganzes Nest zu verlegen! Die Nester liegen äußerst versteckt an unzugänglichen Orten.

Befall Alle eiweißhaltigen Substanzen, zum Beispiel rohes und zubereitetes Fleisch, Käse, Wurst, Eier, Blut und Urin; sie befallen aber auch Zucker und alle Getreideprodukte.

Schäden Es kommt zu Fraßschäden an den befallenen Lebensmitteln. Die eigentliche Gefahr aber besteht in der Übertragung gefährlicher Krankheiten. Untersuchungen haben gezeigt, dass die Ameisen eine große Anzahl von hygienisch bedenklichen Keimen wie zum Beispiel Salmonellen mit sich tragen.
Die Stiche der Pharaoameisen sind äußerst schmerzhaft. Sie schneiden winzige Fetzen aus der Haut heraus, die sich an diesen Stellen leicht entzündet. Die Ameisen kriechen außerdem oft unter Wund- und Gipsverbände, da sie von Blut, Eiter und Wundsekreten stark angelockt werden. Schwerkranke Patienten, aber auch speichelnde Neu-

19

Pharaoameisen bauen Nester an unzugänglichen Stellen. Wenn Sie die Ameisen zum ersten Mal sehen, haben sie in der Regel längst Tochterkolonien angelegt.

geborene werden mit Vorliebe von den Ameisen heimgesucht und müssen daher sorgfältig beobachtet werden. Ist ein Befall mit Pharaoameisen erst einmal festgestellt, können sie praktisch überall sein, da sie über engste Spalten und Ritzen eindringen, sogar in medizinische Instrumente wie Spritzkanülen, Petrischalen oder Katheter.

Vorbeugung Nach Krankenhausaufenthalten und Reisen in südliche Länder alle Kleider im Gepäck sofort im Freien ausschütteln und waschen. Mitgebrachte Nahrungsmittel auf Ameisenbefall untersuchen. Lebensmittel, insbesondere zuckerhaltige, nicht offen herumstehen lassen. Vereinzelt auftretende Ameisen in der Küche sollten auf dem schnellsten Weg wieder ins Freie befördert werden. Dies gilt auch für alle ungefährlichen Ameisensorten. Einzeltiere sind oft »Kundschafter«, die dabei sind, eine Duftspur zu den Nahrungsquellen zu legen. Eine durchschnittliche Raumtemperatur von etwa 20 °C und regelmäßiges Lüften beugt einem Befall durch Pharaoameisen vor!

Bekämpfung Wegen ihrer Gefährlichkeit unterliegen Pharaoameisen der gesetzlichen Meldepflicht! Wenn Sie sich nicht sicher sind, fangen Sie eine Ameise in einem Glas und lassen Sie sie von einem Fachmann bestimmen (siehe Adressen, hintere Umschlaginnenseite). Bestätigt sich der Verdacht, sollten Sie professionelle Hilfe in Anspruch nehmen (Seite 91), da sich eine restlose Ausrottung der Ameisen über Monate hinziehen kann und Kinder und Haustiere durch die oft empfohlene Giftködermethode stark gefährdet sind. Dies gilt natürlich nicht für die harmlosen Ameisenarten (Seite 28).

Bekämpfen Sie Pharaoameisen durch Kälte!

Sollten Sie das »Glück« haben, einen Befall durch Pharaoameisen in der kalten Jahreszeit festzustellen, haben Sie die Möglichkeit, die sehr kälteempfindlichen Tiere schnell, einfach und billig auszurotten: Machen Sie Ihr Haus winterfest (Seite 85) und lassen Sie es mehrere Tage »durchfrieren«. Die geschlechtsreifen Tiere und Larven der Ameisen sterben schon bei 0 °C ab.

20 Liegt ein Befall durch Pharaoameisen vor, sollte in jedem Fall ein Schädlingsbekämpfer hinzugezogen werden. Pharaoameisen müssen bei der Gesundheitsbehörde gemeldet werden!

21 Bringen Sie keine offenen Nahrungsmittel aus tropischen Ländern mit, da Sie auf diese Weise leicht lebende Mitbringsel in den Haushalt einschleppen.

Reismehlkäfer *(Tribolium spec.)*

Wie alle Kornkäferarten ist der Reismehlkäfer als Vorratszerstörer bedingt schädlich. Der Gesundheit oder Hygiene schadet er nicht.

Der Reismehlkäfer mit den keulenförmig verdickten Fühlerenden vermehrt sich extrem schnell.

22

Die Larven des Reismehlkäfers erkennt man an ihrem durchdringenden, seifenartigen Geruch. Befallenes Mehl verfärbt sich leicht rosa und sollte sofort entfernt werden!

Aussehen 3 bis 5,5 mm lang; dunkelbraun bis schwarz; kurze, an den Enden leicht verdickte Fühler. Die weißen bis gelblichen Larven sind bis zu 9 mm lang, haben einen dunklen Kopf und riechen durchdringend nach Lysol (»Krankenhausgeruch«). Je nach Temperatur können im Jahr mehrere Generationen von Käfern schlüpfen.

Vorkommen Getreidemühlen und -fabriken. Von dort werden die Käfer in Privathaushalte eingeschleppt.

Befall Alle trockenen pflanzlichen Stoffe wie Reis, Getreideprodukte, Nüsse, Kakao, Samen, Trockenobst, Arznei- und Gewürzkräuter.

Schäden Fraßschäden an befallenen Lebensmitteln. Verunreinigung durch Larven, Larvenhäute und Kot. Die verdorbenen Nahrungsmittel nehmen einen muffigen und dumpfen Geruch an. Das chinonhaltige Drüsensekret der Käfer färbt Mehl leicht rosa.

Vorbeugung Vorratshaltung unter 15 °C stoppt die Weitervermehrung der Käfer. Stecken Sie Lorbeerblätter in Ihre Getreidevorräte und bewahren Sie sie in dicht schließenden Behältern auf.

Bekämpfung *Mechanisch:* Befallene Lebensmittel vernichten. Scheinbar nicht betroffene Vorräte im Backofen bei 60 °C eine halbe Stunde erhitzen oder 1 Woche bei -18 °C tiefgefrieren. Lagerungsorte mit dem Staubsauger reinigen und den Staubsaugerbeutel anschließend sofort im Freien entsorgen. Schränke mit Essigwasser auswischen.
Chemisch: Nur bei Massenbefall mit Pyrethrum (Seite 89) behandeln und dies unbedingt nach kurzer Zeit wiederholen, da die Käfer durch ihren starken Panzer relativ widerstandsfähig sind.

Speckkäfer *(Dermestes spec.)*

Der Speckkäfer ist ein typischer Allesfresser. Er ist schädlich*, da er große Materialschäden anrichten kann und allergieauslösend ist.*

Aussehen 7 bis 9 mm lang; bräunlich-schwarz mit hellgrauer Haarbinde auf den Flügeln, in die sechs schwarze Punkte eingestreut sind. Die stark behaarten, schwarzbraunen Larven des Speckkäfers sind bis zu 12 mm groß.

An seiner Haarbinde mit den sechs schwarzen Punkten kann man den Speckkäfer leicht erkennen.

Vorkommen Leder- und fellverarbeitende Fabriken, verlassene Vogelnester, Steinmardernester. Von dort Einschleppung in private Haushalte. Kurzfristig werden auch pflanzliche Stoffe als Nahrungsgrundlage angenommen.

Befall Alle eiweißhaltigen Substanzen: Räucherwaren, Fleisch, Käse, Trockenfutter, Nudeln, aber auch Haare, Nägel, Federn, Wolle.

Schäden In Privathäusern nur selten. Textilien weisen Lochfraß auf, Pelze einen Befraß an den Haarspitzen. Fraßschäden an Lebensmitteln. Holz dient den Larven als Kinderstube. Die Larvenhaare können bei empfindlichen Menschen Allergien auslösen.

Vorbeugung Potentielle Befallsquellen wie Vogelnester oder Steinmarderbauten am und im Haus entfernen. Dachboden regelmäßig auf verendete Mäuse oder Vögel untersuchen und alle Einschlupfmöglichkeiten für diese Tiere dicht verschließen. Teppiche, Gardinen und Polstermöbel regelmäßig absaugen und reinigen lassen.

Bekämpfung *Mechanisch:* Befallene Lebensmittel vernichten. Scheinbar unberührte Lebensmittel 1 Woche bei -18 °C tiefgefrieren. Befallsquellen ermitteln und gründlich beseitigen. Fußbodenritzen unter Fellen und Teppichen bei der Reinigung nicht vergessen!
Chemisch: Punktuelle Behandlung von massiv befallenen Herden mit Pyrethrum, Bioallethrin oder Bioresmethrin (Seite 89).

23

Sorgen Sie dafür, dass mögliche Befallsherde wie verlassene Vogelnester, Steinmarderbauten unter dem Dach oder von Tieren eingeschleppte Knochenreste im Haus beseitigt werden.

Speichermotte *(Ephestia elutella)*

Eine Speichermottenplage lässt sich schnell in den Griff bekommen, da die bedingt schädlichen *Tiere äußerst kälteempfindlich sind.*

Speichermotten sind nacht-aktive Tiere, deren Larven sich an den unzugänglichsten Stellen verpuppen.

24

Vorratsschädlinge lassen sich sehr gut mit ätherischen Ölen vertreiben (Seite 85). Sie können auch schon fertige Duftmischungen gegen Insekten im Handel kaufen.

Aussehen 7 bis 11 mm lang, Flügelspannweite 14 bis 24 mm; milchkaffeebraun glänzend; Vorderflügel mit je zwei hellen Streifen, die Hinterflügel sind grauweiß gefärbt. Die bis zu 12 mm langen Larven der Speichermotte sind weiß bis rosafarben mit bräunlichem Kopf.

Vorkommen Die ursprünglich nur in den warmen Klimazonen beheimatete Mottenart wurde durch Warentransporte überall nach Europa eingeschleppt.

Befall Vor allem die oberen Schichten von Produkten mit langen Lagerungszeiten wie Kakaobohnen, Gewürze, Nüsse, Heil- und Würzkräuter, Getreide, Heu und Tabak.

Schäden Befallene Nahrungsmittel weisen Fraßschäden auf; das Substrat ist mit Gespinsten überzogen und durch Kot verunreinigt.

Vorbeugung Vorräte kühler als 20 °C lagern, um eine Weitervermehrung der Insekten zu unterbinden. Lebensmittel nur in dicht schließenden Behältern mit Gummidichtungen lagern. Mit Nelken gespickte Zitronen in den Vorratsschrank legen oder Lorbeerblätter lose zwischen die Vorräte stecken.

Bekämpfung *Mechanisch:* Befallene Lebensmittel vernichten. Lagerungsorte gründlich mit dem Staubsauger reinigen, schwer zugängliche Stellen (Ritzen) mit dem Fön erhitzen. Scheinbar noch unberührte Lebensmittel auf 60 °C erhitzen oder 1 Woche lang einfrieren.
Natürlich: Lorbeerblätter in die Vorräte stecken, eine mit Nelken gespickte Zitrone an den Lagerungsort legen (Seite 86).
Chemisch: Leimfallen mit Sexuallockstoffen auslegen (Seite 89).

Staublaus *(Psocoptera)*

Staub- und Bücherläuse sind bedingt schädlich. *Sie sind nicht, wie ihr Name vermuten lässt, mit den Menschen- oder Tierläusen verwandt.*

Aussehen 1 bis 2 mm lang, einige Unterarten der Staublaus sind bis zu 7 mm lang; ovaler Körper mit großem Kopf und langen Fühlerpaaren; blassgelbliche Färbung.

Vorkommen In allen feuchten Räumen mit mindestens 70 Prozent relativer Luftfeuchtigkeit. Eine besondere Plage in ungenügend ausgetrockneten Neubauten. Wertvolle Büchersammlungen können – wenn sie feucht gelagert werden – durch Bücherläuse völlig vernichtet werden.

Staub- und Bücherläuse sind weichhäutige Insekten, die zum Überleben unbedingt Feuchtigkeit benötigen.

Befall Schimmelfresser auf feuchten Tapeten, alten Büchern, Teppichen; auf Polstermaterial, in Zoologischen Sammlungen. Auch kohlenhydratreiche Lebensmittel wie Mehl, Polenta, Grieß, Getreideflocken, Milchpulver, Kuchen und Knäckebrot sind gefährdet.

Schäden Durch das Abnagen von Schimmelpilzen auf Büchern, Tapeten etc. entsteht feiner Papierstaub; das Material zerfällt. Die Verunreinigung von Lebensmitteln ist zwar nicht gesundheitsschädlich, zeigt aber einen Schimmelbefall des Lebensmittels an, der vor allem bei empfindlichen Menschen gefährliche Allergien auslösen kann.

Vorbeugung Lagern Sie wertvolle Bücher nie in Räumen mit hoher Luftfeuchtigkeit. Lebensmittel sollten trocken und kühl aufbewahrt werden. Neubauten erst nach der Austrocknungsphase beziehen.

25

Feuchtigkeit ist das »Lebenselixier« von Staubläusen. Um einen Befall durch diese Materialschädlinge zu vermeiden, halten Sie das Raumklima in Ihrer Wohnung durch regelmäßiges Lüften und Heizen trocken.

Bekämpfung *Mechanisch:* Befallene Ware vernichten. Lagerungsorte gründlich mit dem Staubsauger reinigen und mit dem Fön trocknen. Konsultieren Sie einen Fachmann zur Trockenlegung von Räumen, um chronisch feuchte Zimmer zu sanieren.
Chemisch: Nur bei Massenbefall Pyrethrum einsetzen (Seite 89).

Wegameise *(Lasius niger)*

Treten Ameisen in Massen in der Küche auf, können sie äußerst lästig werden. Im Garten gehören sie allerdings zu den Nützlingen.

Wegameisen im Garten sind äußerst nützliche »Schädlingsbekämpfer«.

Aussehen 2 bis 5 mm groß; mehrere Farbvariationen von schwarzgrau bis glänzend schwarz. Eingliedriges Verbindungsstück zwischen Brust und Hinterleib. Dieses Verbindungsstück ist das Unterscheidungsmerkmal zu den um etwa die Hälfte kleineren und sehr gefährlichen Pharaoameisen (Seite 22). Die Königinnen des Ameisenvolks werden bis zu 1 cm lang. Die Arbeiterinnen sind flugunfähig. Geschlechtsreife Ameisen haben Flügel und gehen zwischen Mai und August auf Hochzeitsflug.

Vorkommen Freilandnester im Erdreich oder in moderndem Holz. Nester innerhalb des Hauses sind sehr selten, meist finden Sie hier nur Ameisenstraßen, die allerdings lebhaft bevölkert sein können.

Befall Ameisen lieben zuckerhaltige Nahrung, ernähren sich aber auch von eiweißhaltigen Lebensmitteln. Arbeiterinnen, die eine Nahrungsquelle gefunden haben, legen eine Duftspur an, die Hunderte von »Kolleginnen« als Wegweiser zur Futterstelle benutzen.

26

Einzelne in Ihrer Küche auftauchende Ameisen sind meist die Vorhut von Hunderten: Ameisen unbedingt sofort ins Freie befördern!

Schäden Wegameisen sind weder giftig, noch verunreinigen sie die befallene Nahrung bakteriell. Insofern verursachen sie keinerlei Schäden und gelten sogar als nützliche »Schädlingsbekämpfer« im Garten. Treten sie in Massen auf, können sie in der Küche jedoch recht lästig werden. Zu Verteidigungszwecken verspritzen die Tiere Ameisensäure, die auf der Haut brennen kann. In der Heilkunde ist ihr Biss als Heilmittel gegen Rheuma bekannt.

Vorbeugung In Wohnräumen mit ebenerdigem Zugang im Sommer keine zucker- oder eiweißhaltigen Nahrungsmittel offen herumstehen lassen. Vereinzelt herumlaufende Tiere sofort ins Freie befördern.

Bekämpfung *Mechanisch:* Verfolgen Sie den Verlauf der Ameisen-straßen bis zum Nest und dichten Sie die entsprechenden Ritzen oder Hohlräume an Fenstern oder im Mauerwerk ab. Ameisenstraßen kön-nen mit Hilfe eines Staubsaugers beseitigt werden. Entsorgen Sie den Staubbeutel anschließend im Freien und wischen Sie den Fußboden mit einem scharfen Putzmittel. Falls sich doch einmal Nester inner-halb des Hauses befinden, können Sie diese mit kochendem Wasser übergießen und dann beseitigen.

> ### Im Notfall Freilandnester der Ameisen ausheben!
>
> Freilandnester sollten Sie nur dann ausheben, wenn die Zuwan-derung ins Haus nicht gestoppt werden kann. Dabei gehen Sie folgendermaßen vor: Stülpen Sie einen mit Erde und Holzwolle gefüllten Tontopf über das Nest. Nach etwa einer Woche haben die Ameisen die Brut mit der Königin in den Topf umgesiedelt. Nun können Sie das Nest im Topf an eine entfernte Ecke Ihres Gartens oder einen anderen unbedenklichen Platz bringen.

Chemisch: Backpulver oder Borsäure mit Zucker mischen und entlang der Ameisenstraßen ausstreuen oder dort Köderdosen gegen Ameisen auslegen und mindestens zwei bis drei Wochen lang entsprechend der Gebrauchsanweisung erneuern. Die Anzahl der Ameisen wird da-durch allerdings vorübergehend stark erhöht, da sie von der Futter-quelle angelockt werden. Es dauert eine ganze Weile, bis ein gesamtes Ameisenvolk ausgerottet ist.

Natürlich: Ameisen haben einen feinen Geruchssinn und können mit intensiven Düften abgewehrt werden. Dazu empfiehlt es sich, auf Fensterbrettern und an anderen potentiellen Einschlupfstellen Laven-del, Kerbelkraut, Rainfarn, Zimt, Majoran, Nussblätter oder Gewürz-nelken auszulegen (Seite 86). Um einen Langzeiteffekt zu erzielen, müssen die Kräuter allerdings regelmäßig erneuert werden. Tomaten-stauden am Haus vertreiben übrigens nicht nur Ameisen, sondern auch Stechmücken. Sie können es auch mit ätherischen Duftölen pro-bieren. Beträufeln Sie einen Lappen mit Lavendel- oder Nelkenöl und legen Sie ihn an der entsprechenden Stelle aus (Seite 86.)

27 Pflanzen Sie Tomaten-stauden unterhalb Ihres Küchenfensters oder in Töpfen auf der Fenster-bank an. Das hält nicht nur Ameisen, sondern auch Stechmücken und Fliegen fern!

28 Ameisen merken ziemlich bald, dass das Backpulver ihrer Brut schadet. Mischen Sie das Backpulver deshalb abwechselnd mit Marmelade und Honig.

Im Bad

In aller Regel ist das Bad ein Raum des Hauses, in dem sich Ungeziefer nur sehr schlecht ansiedeln kann. Neue Bäder sind heute nahtlos gekachelt und bieten wenig Unterschlupf-möglichkeiten. Anders sieht es bei schon etwas in die Jahre gekommenen, möglicherweise fens-terlosen Bädern aus: Die Kombination von nicht abziehender, feuchtwarmer Luft und bereits bröckeln-den Fugen ist ein Paradies für Milben, Schimmelpilze und Silberfischchen.

Legionellen *(Legionella pneumophilia)*

Legionellen sind eine Bakterienart, die gefährlich ist, da sie sehr schwere Erkrankungen auslösen kann. Sie sind meldepflichtig!

Aussehen Legionellen sind mit dem bloßem Auge nicht sichtbar. Unter dem Mikroskop erscheinen diese Kleinstlebewesen als stäbchenförmige Bakterien.

Vorkommen Legionellen vermehren sich schnell in stehendem, lauwarmen Wasser, bevorzugt in Warmwasserboilern oder in alten Wasserleitungen, die in der Nähe von Heizungsrohren verlaufen. Die gefährlichen Bakterien sterben erst bei einer Erhitzung von über 70 °C ab.

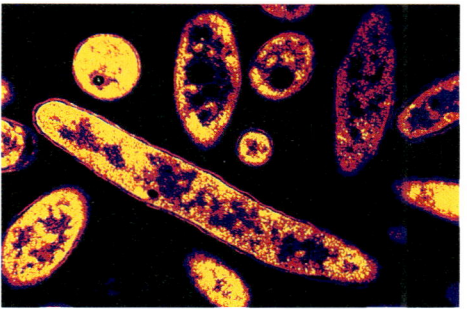

Mikroskopaufnahme von Legionellenbakterien in verseuchtem Leitungswasser.

Schäden Legionellen lösen eine schwere, hochfiebrige Form der Lungenentzündung aus, die bei Menschen mit einem geschwächten Immunsystem sogar tödlich verlaufen kann.
Die Dunkelziffer von unerkannten Legionelleninfektionen wird auf ein Vielfaches der bei den Gesundheitsbehörden gemeldeten Fälle geschätzt. Privathaushalte sind von Legionellen weniger betroffen als Wohnheime, Krankenhäuser oder Schwimmbäder.

29
Vor allem Ungeziefer, das eine hohe Luftfeuchtigkeit zum Überleben braucht, liebt den Aufenthalt im Bad.

Vorbeugung Da es gegen Legionellen keine wirkliche Bekämpfungsstrategie gibt, außer veraltete Warmwasserrohre und -systeme zu erneuern, ist die Vorbeugung besonders wichtig. Einige einfache Maßnahmen reichen jedoch aus, um das Infektionsrisiko gering zu halten: Lassen Sie Ihre Warmwasserboiler regelmäßig warten und reinigen. Erhitzen Sie das Wasser vor dem Baden oder Duschen auf 70 °C und stellen Sie den Boiler dann auf eine niedrigere Temperatur ein. Temperieren Sie Ihr Badewasser, indem Sie erst heißes Wasser einlaufen und dann Kaltwasser zulaufen lassen.
Vor allem bei längerer Abwesenheit empfiehlt es sich in diesem Fall, die Wasserboiler leer laufen zu lassen und bei Wiederinbetriebnahme auf höchster Stufe aufzuheizen.

30
Auch Luftbefeuchter können zu »Legionellenschleudern« werden. Deshalb nur abgekochtes Wasser verwenden.

Modermilbe *(Tyrophagus putrescentiae)*

Modermilben sind schädlich und können wie ihre Verwandten, die Hausstaubmilben, bei empfindlichen Menschen Allergien auslösen.

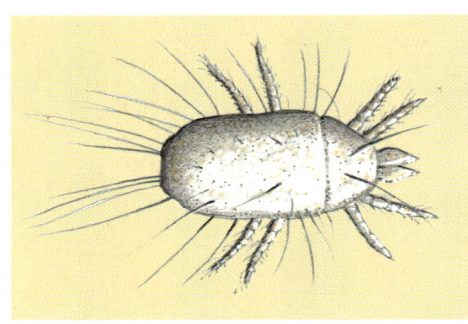

Die winzige Modermilbe ist als Einzeltier mit bloßem Auge kaum zu erkennen.

Aussehen Modermilben werden maximal bis zu 0,5 mm groß. Einzeln sind sie mit dem bloßen Auge kaum zu erkennen. Wie fast alle bekannten Milbenarten sind diese Spinnentiere weißlich gefärbt.

Vorkommen In allen Räumen mit mindestens 85 Prozent relativer Luftfeuchtigkeit wie Bad oder Küche. Besonders in nicht ausgetrockneten Neubauten mit feuchten Räumen können Modermilben zur Plage werden.

Befall Alle fett- und eiweißreichen Substanzen wie Käse, Schinken und Getreideprodukte, besonders wenn diese schimmelig sind. Massenbefall macht die Modermilben als »Gewimmel« erkennbar.

Schäden Lebensmittel, die von Modermilben befallen werden, sind in der Regeln ohnehin bereits verdorben. Modermilben zeigen meist Schimmelbefall an, der gesundheitsgefährdend sein kann. Bei empfindlichen Personen kann es bei Kontakt mit Milben oder deren Kot zu allergischen Reaktionen kommen. Modermilben sind neben der Hausstaubmilbe Verursacher der bekannten Hausstauballergie.

Vorbeugung Räume durch regelmäßiges Lüften und Heizen trocken halten. Besonders nach dem Baden oder Kochen für gute Durchlüftung sorgen. Schwer zugängliche Stellen, an denen sich Feuchtigkeit ansammeln kann, regelmäßig reinigen und gegebenenfalls mit dem Fön gründlich austrocknen.

Bekämpfung *Chemisch:* Pyrethrum (Seite 89) ist nur bedingt wirksam, da die Milben nach Zerfall der insektiziden Substanz wieder aus ihren Ritzen hervorkommen können.

31

Lüften Sie Ihr Badezimmer, besonders wenn es fensterlos ist, nach dem Duschen oder Baden gut durch und lassen Sie keine feuchten Handtücher herumliegen.

Silberfischchen *(Lepisma saccharina)*

Als Materialzerstörer sind sie bedingt schädlich. *Sie sind nur in der heizfreien Periode ein Problem, da sie viel Feuchtigkeit brauchen.*

Aussehen 7 bis 12 mm lang, silbrigweiß glänzender, beschuppter Körper, fischartiges Aussehen. 2 Fühler am Kopf, 3 lange Fäden als Anhänge am Schwanz.

Vorkommen Feuchtwarme Orte mit 20 bis 30 °C und einer relativen Luftfeuchtigkeit von 80 Prozent, zum Beispiel Küche, Bad oder Heizungskeller. Die Silberfischchen ziehen sich in Ritzen und Spalten zurück. Sie sind nachtaktiv und gehen nur im Dunkeln auf Futtersuche.

Silberfischchen sind »Urtiere«, die seit Millionen von Jahren auf unserem Planeten leben.

Befall Stärke- und zuckerhaltige Stoffe: Mehl, Grieß, Haferflocken, Gebäck, Mehlkleister, alte Fotos, geleimte Pappen, gestärkte Wäschestücke. Silberfischchen fressen auch Hausstaubmilben und sind in kleinen Mengen als nützliche Hausgäste durchaus tolerierbar.

Schäden Befallene Gegenstände weisen Schabenfraß oder kleine Löcher auf. Ein wirklicher materieller Schaden entsteht allerdings nur an zu feucht gelagerten wertvollen Büchern.

Vorbeugung Räume durch regelmäßiges Lüften und Heizen möglichst trocken halten. Überläufe von Badewannen und Waschbecken regelmäßig mit kochendem Wasser durchspülen.

Bekämpfung *Mechanisch:* Ritzen und Fugen, die als Eiablageplatz dienen könnten, absaugen und verschließen. Zugänge zu Hohlräumen unter Badewannen und Duschen öffnen und mit einem Heizlüfter oder einem Fön austrocknen.
Chemisch: Bei Massenbefall Köderdosen auslegen oder ein Borax-Zucker-Gemisch im Verhältnis 1:1 vor die Schlupflöcher streuen (Vorsicht bei Kindern und Tieren im Haushalt!).

32

Als Köder für die nachtaktiven Silberfischchen legen Sie nachts einen mit Gips bestreuten feuchten Baumwolllappen aus und schütteln ihn am Morgen im Freien aus.

Im Schlafzimmer

»Ungeziefer in der Nacht, hat mich um den Schlaf gebracht«, das hätte Heinrich Heine vielleicht auch nach einer durchwachten Nacht mit Bettwanzen und anderem Getier gedichtet. Denn nichts kann mehr an den Nerven zerren als das penetrante Sirren einer nachtaktiven Mücke oder der Kampf gegen einen winzigen, beißenden Bettgenossen, der sich immer dann zurückzieht, wenn man das Licht anknipst. Das folgende Kapitel hilft Ihnen, Ihre Nachtruhe wieder herzustellen und zu sichern.

Bettwanze *(Cimex lectularius)*

Bettwanzen sind gesundheitsschädlich und werden von ihren Wirten verschleppt. Ihre Bisse führen zu juckenden Quaddeln.

Aussehen Bis zu 7 mm groß, gelb bis dunkelbraun. Vollgesogen wird die flache Wanze eiförmig bis kugelrund. Unangenehm süßlich riechendes Drüsensekret. Zur gleichen Familie wie die Bettwanze gehören die Schwalben- und die Taubenwanze. Die Biologie der Arten ist so ähnlich, dass in diesem Ratgeber nur die Bettwanze behandelt wird.

Vorkommen Unter losen Tapeten, unter Matratzen, in Bettgestellritzen, Mauerrissen und Holzverkleidungen.

Bettwanzen sind nachtaktive Tiere, die ihre Verstecke tagsüber nicht verlassen.

Befall Die nachtaktiven Bettwanzen, die von ihren jeweiligen Wirten eingeschleppt werden, sind Blutsauger. Sie werden durch die Körperwärme von Menschen oder Tieren angelockt. Sogar Vögel bleiben von den Bettwanzen nicht verschont.

Schäden Stiche führen zu Quaddelbildung und oft sehr starkem Juckreiz. Durch das Kratzen können Sekundärinfektionen entstehen, außerdem besteht Allergiegefahr bei sehr empfindlichen Menschen.

33 Schlafzimmer und Bettzeug sollten morgens immer stoßgelüftet werden!

Vorbeugung Nach Reisen in subtropische Länder alle mitgebrachten Kleider sofort im Freien ausschütteln und waschen. Ansonsten reicht der normale Hausputz, um den Bettwanzen die Lebensgrundlage zu entziehen. Holzböden und -vertäfelungen sollten versiegelt sein. Fußbodenleisten und offen verlaufende Leitungsrohre regelmäßig absaugen und auf Ungeziefer kontrollieren.

34 Gegen Bettwanzenbefall reicht in der Regel der normale regelmäßige Hausputz.

Bekämpfung Wenn trotz vorbeugender Maßnahmen vermehrt Bettwanzen auftreten, sollte ein Schädlingsbekämpfer (Seite 91) hinzugezogen werden. Den eigenen Schlafplatz mit Insektiziden zu behandeln, ist eine kaum empfehlenswerte Maßnahme.

Filz-, Kopf- und Kleiderlaus *(Anoplura)*

Die unterschiedlichen, gesundheitsschädlichen Läusearten bekamen ihren Namen nach ihren Lieblingsplätzen auf dem Menschen.

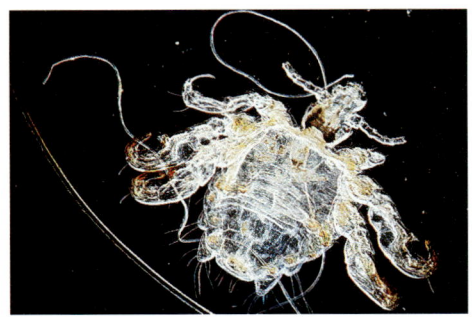

Läuse verändern nach einer Blutmahlzeit ihr Aussehen und verfärben sich dunkelrot.

35

Stellen Sie einen Kopflausbefall bei einem Mitglied Ihres Haushalts fest, dann muss in jedem Fall die ganze Familie in die Behandlung miteinbezogen werden.

Aussehen Die bis zu 4 mm langen, spindelförmigen Kopf- und Kleiderläuse sind hellgelb bis gräulich und von Laien nicht zu unterscheiden. Filzläuse sind fast quadratisch. Die 1 mm großen weißen Eier werden Nissen genannt. Alle am Menschen vorkommenden Läuse gehören zu der Ordnung *Anoplura*. Filzläuse *(Pthirus pubis)*, Kopfläuse *(Pediculus captis)* und Kleiderläuse *(Pediculus humanus)* verändern direkt nach einer Blutmahlzeit ihr Aussehen: Der Darm scheint dann dunkel durch.

Vorkommen Enge soziale Kontakte fördern die Verbreitung von Läusen. Überall, wo die Köpfe »zusammengesteckt« werden, breiten sich Kopfläuse schnell aus, vor allem in Schulen, Kindergärten und Wohnheimen. Kleiderläuse lieben auch öffentliche Garderoben als Ausbreitungsort. Filzläuse werden dagegen hauptsächlich nur durch Geschlechtsverkehr übertragen.

Befall Kopfläuse leben überwiegend auf dem Haupthaar. Kleiderläuse befallen den ganzen Oberkörper. Filzläuse findet man hauptsächlich in der Schambehaarung, seltener in Bärten oder Augenbrauen. Läuse »kitten« ihre Eier an den Haaransatz, wo sie wie kleine Perlen aneinander gereiht einen Läusebefall anzeigen. Bei sehr starkem Befall finden sich die Nissen auch an Stofffasern.

Schäden Der Biss von Läusen verursacht Quaddeln und einen heftigen, andauernden Juckreiz. Durch starkes Kratzen kann es außerdem zu Sekundärinfektionen kommen, die von einem Arzt behandelt werden sollten. In seltenen Fällen können Läuse auch Krankheiten übertragen. Dazu gehört das Wolynische Fieber, klassisches Fleckfieber und Europäisches Rückfallfieber. Sollten Sie während oder kurz nach

Ihrem Läusebefall Fieber bekommen, dann vergessen Sie nicht, Ihren Hausarzt über den Läusebefall zu informieren. Falsche Scham ist in diesem Fall nicht angebracht!

Vorbeugung Eine effektive Vorbeugung ist nicht möglich, denn Läuse verbreiten sich – fast vergleichbar mit einer Infektionskrankheit – äußerst schnell und bleiben in der ersten Phase des Befalls meistens unbemerkt. Läusebefall hat nichts mit unhygienischen Zuständen zu tun. Es ist also keine Schande, Läuse zu haben. Treten in Ihrem engeren Umfeld Läuse auf, empfiehlt es sich dringend, vorsorglich eine Läusebehandlung bei allen Familienmitgliedern durchzuführen, um ganz sicher sämtliche möglichen Befallsherde zu »erwischen«.

Bekämpfung Diagnostizieren Sie einen Läusebefall in Ihrer Familie, dann benachrichtigen Sie die Schule und Ihren Bekanntenkreis. Bleiben Sie so lange zu Hause, bis Sie wieder »läusefrei« sind. Normale Shampoos, Duschgels oder Seifen sollten niemals zusammen mit den Läusemitteln angewandt werden, da die Haut dabei aufquillt und die chemischen Substanzen zu leicht aufnimmt.

> ### Läusebehandlung – ganz einfach durchzuführen!
> In Apotheken erhalten Sie spezielle Shampoos, Gels oder Puder zur Läusebekämpfung. Lassen Sie sich vom Apotheker beraten, welche Mittel für Sie am geeignetsten sind. Meist wirken die Läusemittel schon bei einmaliger Anwendung, die Behandlung sollte jedoch zur Sicherheit nach 8 bis 10 Tagen wiederholt werden. Vor der Behandlung decken Sie nässende und aufgekratzte Hautpartien mit einer Zinksalbe ab, um starkes Brennen zu vermeiden. Mit einem speziellen Nissenkamm können Sie später die abgestorbenen Eier aus dem Haar entfernen.

Alle in letzter Zeit getragenen Kleider und benutzte Bettwäsche sollten bei mindestens 60 °C gewaschen werden. Ersatzweise können Sie die Wäsche auch 3 bis 4 Tage einfrieren oder 3 Wochen lang in einem geschlossenen Plastiksack aufbewahren und sie dann waschen.

36 Aufgekratzte Stellen auf der Kopfhaut müssen vor der Behandlung mit einer Zinksalbe abgedeckt werden.

37 Vergessen Sie bei einer Läuse-Waschaktion keinesfalls Mützen, Hüte und Schals: Sie sind Hauptträger für verirrte Kopfläuse!

Gefleckter Pelzkäfer *(Attagenus pellio)*

Der Pelzkäfer ist als klassischer Materialzerstörer bedingt schädlich. *Wertvolle Pelze sollten immer vor Käferbefall geschützt werden.*

Der gefleckte Pelzkäfer ist leicht an den zwei hellen Punkten auf den Flügeln zu erkennen.

Aussehen 4 bis 5 mm groß; glänzend schwarz, 2 helle Flecken auf den Flügeldecken. Die 8 mm langen, gelben bis hellbraunen Larven haben lange Schwanzhaare. Eine Unterart der Pelzkäfer weist keine hellen Flecken auf. Ihre restliche Biologie ist dem gefleckten Pelzkäfer so ähnlich, dass sie hier nicht gesondert aufgeführt wird.

Vorkommen Freilandtiere, die sich zum Beispiel in Vogelnestern entwickeln und von dort ins Haus gelangen.

Befall Die Larven ernähren sich von keratinhaltigen Substanzen wie Wolle, Federn oder Horn und finden sich unter Teppichen, in Nähkästchen, Wollkörbchen und Kleiderschränken sowie unter Isolierwänden aus pflanzlichem Material.

Schäden Durch die lange Entwicklungszeit der Larven (1 bis 3 Jahre) bis hin zum erwachsenen Pelzkäfer ist ein Massenbefall selten. Lange gelagerte Textilien weisen Lochfraß auf. Pelze werden am Haaransatz angefressen; die Haare fallen in Büscheln ab.

38

Verlassene Vogelnester sollten Sie grundsätzlich aus der Nähe des Hauses entfernen, da sie zahlreichen Ungezieferarten Unterschlupf gewähren.

Vorbeugung Textilien und Pelze vor langer Lagerung waschen bzw. reinigen und in dicht schließenden Hüllen verwahren. Den Lagerplatz mit Lavendel-, Patschuli- oder Zedernöl imprägnieren (diese Öle sind auch gegen Kabinettkäfer und Kleidermotten wirksam).

Bekämpfung *Mechanisch:* Stark befallene Textilien wegwerfen. Scheinbar unberührte Kleidung etwa 3 Tage tiefgefrieren und dann waschen oder reinigen lassen. Schränke mit dem Staubsauger absaugen und anschließend sorgfältig mit Essigreiniger auswischen. *Chemisch:* Bei Massenbefall den Schädlingsbekämpfer (Seite 91) rufen.

Hausstaubmilbe *(Dermatophagoides pteronyssinus)*

Die allergieauslösende Hausstaubmilbe kann zu einem *gefährlichen* *Mitbewohner für besonders empfindliche Menschen werden.*

Aussehen 0,2 mm groß; mit bloßem Auge nicht sichtbar.

Vorkommen In allen Räumen mit mindestens 70 Prozent relativer Luftfeuchtigkeit wie Bad oder Küche. Besondere Plage in Neubauten mit noch feuchten Wänden.

Befall Die Milben leben von Hautschuppen. Ein Milligramm Hautschuppen ernährt eine Million Hausstaubmilben. Sie sammeln sich in Handtüchern und Bettwäsche.

Unsichtbar und doch allgegenwärtig: Mikroskopaufnahme von Hausstaubmilben.

Schäden Die Milben beißen nicht und übertragen keine Krankheiten, sind aber hauptsächlicher Auslöser der Hausstauballergie. Eigendlicher Träger der Allergene ist der Kot der Milben. Symptome für eine Hausstauballergie sind tränende Augen, laufende Nase, ständiger Nies- oder Hustenreiz, Dauerschnupfen, asthmatische Anfälle.

Vorbeugung Allergiker sollten für ein trockenes, nicht zu warmes Raumklima sorgen und sich einen speziellen Mikrofilter für den Staubsauger besorgen oder den Hausputz mit einem Dampfreiniger erledigen. Staubfänger wie Gardinen, Teppiche und Polstermöbel möglichst vermeiden bzw. regelmäßig reinigen. Bettzeug im Freien lüften, am besten an sonnigen Tagen. Einige Firmen stellen milbenundurchlässige Matratzen und hautschuppenundurchlässiges Bettzeug her. Weitere Informationen über den Deutschen Allergie- und Asthmabund (siehe Adressen auf der hinteren Umschlaginnenseite).

Bekämpfung

Chemisch: Acarosan® ist in Apotheken erhältlich und wird auf Teppiche und Polstermöbel aufgebracht. Es löst den Milbenkot und verklumpt ihn, so dass er anschließend aufgesaugt werden kann.

39

Nutzen Sie bei schönem Wetter die desinfizierende Kraft der Sonne und lüften Sie Ihr Bettzeug einige Zeit im Freien oder am offenen Fenster.

Kleidermotte *(Tineola biselliella Hum.)*

Kleidermotten sind als gefürchtete Materialvernichter zwar schäd-lich, doch sie greifen die Gesundheit des Menschen nicht an.

Kleidermotten können unbemerkt ganze Garderoben oder wertvolle Teppiche ruinieren.

40

Sie können Ihre Kleidungs-stücke vor weiterem Mottenfraß retten, indem Sie sie mindestens drei Tage lang bei -18 °C in der Tiefkühltruhe einfrieren.

Aussehen 4 bis 9 mm lang, Flügelspannweite 12 bis 16 mm. Vorderflügel hellgelb, Hinterflügel graugelb bewimpert. Weißgelbliche, etwa 1 cm lange Larven mit dunklem Kopf. Die Männchen sind kleiner als die weiblichen Tiere und können besser fliegen. Die Larven der Kleidermotte kommen sehr lange ohne Nahrung aus.

Befall Wollstoffe, Teppiche und andere Wollprodukte, Pelze und Federn, zum Teil auch Leinen und Kunststoffe.

Schäden Kleidungsstücke weisen unregelmäßigen Lochfraß auf. Hinweise auf einen Mottenbefall sind die in den betroffenen Stoffen hängenden Gespinströhren der Larven.

Vorbeugung Textilien und Pelze vor langer Lagerung waschen, reinigen und in dicht schließenden Hüllen verwahren. Am Lagerungsort Lappen auslegen, die mit stark duftenden ätherischen Ölen wie Lavendel-, Patschuli- oder Zedernöl getränkt sind (Seite 85); hilft auch gegen Kabinettkäfer (Seite 44) und Pelzkäfer (Seite 38). Weniger empfehlenswert sind Mottenkugeln aus Kampfer und Paradichlorbenzol, denn ihre Ausdünstungen greifen die Schleimhäute an.

Bekämpfung *Mechanisch:* Stark befallene Kleidung wegwerfen. Scheinbar unberührte Textilien etwa 3 Tage tiefgefrieren und dann waschen oder reinigen lassen. Nutzen Sie Wintertage mit starken Minustemperaturen: Lagern Sie Ihre Kleidung einige Nächte auf den Balkon! Schränke sorgfältig mit Essigreiniger auswischen.
Chemisch: Sexuallockstofffallen (Pheromone, Seite 89) sind nur bedingt zu empfehlen, da lediglich geschlechtsreife Tiere gefangen und außerdem »Neuzugänge« aus dem Freien angelockt werden.

Stechmücke *(Anopheles spec.)*

Sie können zwar äußerst lästig sein, doch im Gegensatz zu den Fiebermücken übertragen Stechmücken keine Krankheiten.

Aussehen 6 mm lang, Stechrüssel 3 mm; graubräunlicher Körper, grauschwarze, teilweise beschuppte Flügel.

Vorkommen Uferzonen von Gartenteichen, Tümpeln oder Bächen, aber auch in Regentonnen; alte Blumentöpfe und Pfützen dienen den Stechmücken als Brutstätte.

Befall Die Stechmücken werden durch die Körperwärme und den Schweißgeruch von Mensch und Tier angelockt.

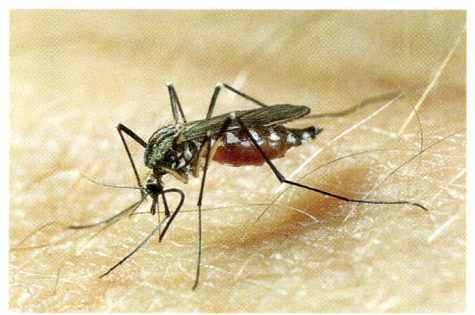

Nur die Stechmückenweibchen brauchen für die Reifung ihrer Eier eine »Blutmahlzeit«.

Schäden Stiche führen zu Quaddelbildung und starkem Juckreiz. Stechmücken sind zwar keine Krankheitsüberträger, sie beeinträchtigen die Lebensqualität in den betroffenen Gebieten jedoch erheblich.

Vorbeugung Fenster mit Fliegengaze sichern. Regentonnen mit Deckel oder mit Fliegengaze abdecken. In Mückengebieten die Betten von Babys und Kleinkindern mit Moskitonetzen sichern. Gartenteiche nach Möglichkeit mit Fischen besetzen, da Mückenlarven ein bevorzugtes Fischfutter sind. Sollte der Teich zu klein für Fische sein, die Larven regelmäßig mit einem Kescher in Ufernähe abfischen. Mückenlotionen wie etwa Autan® beugen zwar Stichen vor, halten aber nur etwa 2 Stunden auf der Haut. Wirksamer und hautfreundlicher ist eine Mischung aus 100 ml Öl (Jojoba, Mandel oder Olive) und 30 Tropfen ätherischem Öl (Zitrone, Zeder, Nelke oder Geranie). Auch natürliche Hautöle etwa alle zwei Stunden neu auftragen.

Bekämpfung Elektroverdampfer oder Sprays schaden auf Dauer dem Menschen mehr als den Mücken und sind deshalb ungeeignet. Biologisch kann man die Larven in Teichen mit dem *Bacillus thuringiensis* (in Gartenzentren erhältlich) bekämpfen (Seite 87).

41

Um im Sommer keine Stechmücken anzuziehen, sollten Sie in der Nähe des Hauses alle unnötigen Wasseransammlungen, zum Beispiel in Töpfen und Kübeln, vermeiden.

Im Wohnzimmer

Das Wohnzimmer ist der Raum des Hauses, in dem wir uns so gemütlich und persönlich wie möglich einrichten. Hier stellen wir unsere wertvollen Lieblingsbücher aus und lagern unsere Sammlungen von Teppichen bis Schmetterlingen: Das Wohnzimmer war und ist der Repräsentationsraum des Hauses. Die Folge ist, dass in diesem Zimmer oft zahllose »Kramecken« entstehen, in denen sich auch Ungeziefer einnisten kann.

Braune Hundezecke *(Rhipicephalus sanguineus)*

Hundezecken sind als Krankheitsüberträger für Ihre Haustiere *gefährlich* *und können in einer Wohnung zur Massenplage werden.*

Aussehen 3 mm lang, kann vollgesogen bis zu 12 mm lang werden; sieht aus wie ein sehr kleiner, brauner Käfer.

Vorkommen Die Hundezecke ist im Mittelmeerraum zu Hause und wird in unsere Breiten eingeschleppt. Sie braucht hier für ihre Entwicklung warme, trockene Räume und ist im Freien nicht vermehrungsfähig. Die Weibchen deponieren ihre befruchteten Eier besonders gern hinter Fußbodenleisten oder Wandverkleidungen.

Die Braune Hundezecke sticht den Menschen selten, kann sich aber in Wohnräumen massenhaft vermehren.

Befall Hundezecken sind Blutsauger. Sie halten sich in Ritzen in der Nähe des Schlafplatzes oder am Lieblingsplatz des Hundes auf. Ihren Wirt suchen sie nur zur Nahrungsaufnahme auf, sie können allerdings auch eine lange Zeit ohne Nahrung überleben.

Schäden Juckreiz, Hautschwellungen sowie Vergiftungserscheinungen. Der Hund wirkt unruhig, durch Kratzen entstehen Sekundärinfektionen wie Ekzeme, Abszesse und Entzündungen. Die Zecke überträgt auch gefährliche Hundekrankheiten wie die Babesiose.

Vorbeugung Hunde bei einem Mittelmeeraufenthalt niemals ohne Flohhalsband herumlaufen lassen. Nach dem Urlaub sollten Hunde vorbeugend mit einem speziellen Shampoo gebadet werden.

Bekämpfung *Mechanisch:* Die Lieblingsplätze Ihres Hundes mehrfach gründlich absaugen. Zecken mit Hilfe einer Zeckenzange entfernen und die Bissstelle desinfizieren. Die Zecken niemals mit Öl oder Alkohol abtöten, da mögliche Krankheitskeime so erst recht ins Blut gelangen können. Bei starkem Befall den Tierarzt aufsuchen und gegebenenfalls einen Schädlingsbekämpfer rufen.

42 **Das Wohnzimmer ist der am meisten frequentierte Raum des Hauses, wo durch Haustiere oft auch Ungeziefer eingeschleppt wird.**

43 **Hunde aus südlichen Ländern sollte man nur nach gründlicher Untersuchung importieren.**

Kabinettkäfer *(Anthrenus spec.)*

Kabinettkäfer gelten als bedingt schädlich. *Sie kommen aber in Privathaushalten meistens nur vereinzelt als Materialzerstörer vor.*

Der runde Kabinettkäfer mit seiner charakteristischen braunschwarzen Färbung gehört zur Familie der Speckkäfer.

Aussehen 2 bis 3 mm groß; fast rund; weiß und hellbraun bis schwarz gefärbt. Eng mit ihm verwandt sind der Wollkraut-Blütenkäfer und der Teppichkäfer.

Vorkommen Der Käfer lebt im Freien auf Blüten, von denen er sich ernährt. Die Larven benötigen für ihre Entwicklung keratinhaltige bzw. eiweißreiche Substanzen und kommen – im Gegensatz zum ausgewachsenen Kabinettkäfer – hauptsächlich in geschlossenen Räumen vor.

Schäden Alle keratinhaltigen Substanzen wie beispielsweise Federn, Pelze, Wolle, Teppiche, trockene Fleischwaren und tote Insekten. Vereinzeltes Vorkommen des Käfers auch in Privathaushalten.

Vorbeugung Textilien und Pelze vor langer Lagerung waschen, reinigen und in dicht schließenden Hüllen verwahren. Den Lagerplatz mit Lappen auslegen, die mit Lavendel-, Patschuli- oder Zedernöl getränkt sind. Polstermöbel und Teppiche regelmäßig absaugen, schwer zugängliche Stellen dabei nicht vergessen.

44

Ermitteln Sie die Befallsquelle im Haus oder im Freien. Oft sind verlassene Vogelnester die Ursache für ein vermehrtes Auftreten dieser Materialschädlinge.

Bekämpfung *Mechanisch:* Stark befallene Gegenstände im Freien entsorgen. Die Käfer fliegen zum Licht und können an Fenstern und Lampen abgesammelt werden. Die Larven mit dem Staubsauger absaugen, dabei auch Ritzen und dunkle Ecken in der Nähe der Befallsquelle (Vogelnester) gründlich reinigen. Den Staubsaugerbeutel anschließend sofort im Freien entsorgen.
Chemisch: In der Regel sind verstärkte Hygienemaßnahmen über einen längeren Zeitraum ausreichend, da Kabinettkäfer sich nur sehr langsam entwickeln. Ansonsten empfiehlt sich eine Punktbehandlung mit Pyrethrum, Bioallethrin oder Bioresmethrin (Seite 89).

Katzenfloh *(Ctenocephalides felis)*

Unterschätzen Sie die Infektionsgefahr durch Flöhe nicht. Sie sind *gefährlich, da sie Träger vieler verschiedener Erreger sein können.*

Aussehen 2 bis 3 mm lang; braunschwarze Färbung; flügelloser, abgeflachter Körper mit starkem Chitinpanzer; bewegen sich krabbelnd im Fell der lebenden Tiere.

Befall Katzenflöhe sind Blutsauger. Sie befallen neben ihren Namensgebern, den Katzen, auch Hunde, Ratten, Mäuse und Steinmarder. Nur wenn der Hauptwirt ausfällt, werden auch Menschen gestochen. Die Flöhe können aber auch wochenlang ohne Nahrung auskommen.

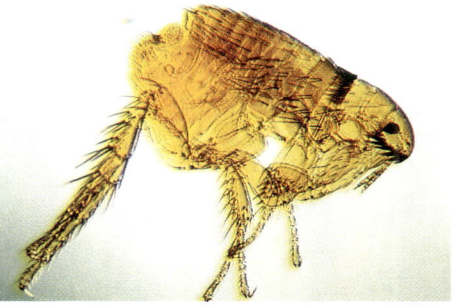

Der Panzer von Flöhen ist so elastisch, dass die Tiere kaum zerdrückt werden können.

Schäden Flohstiche verursachen Quaddeln und starken Juckreiz. Der Einstich ist punktförmig und gerötet. Die Flöhe sind potentielle Krankheitsüberträger verschiedener Bakterien und Viren, sie können sowohl Tiere als auch Menschen mit Bandwürmern infizieren.

Vorbeugung Die Schlaf- und Lieblingsplätze der Haustiere sehr sauber halten, Tierdecken regelmäßig waschen und absaugen. Nicht alle Tiere vertragen Flohhalsbänder, ersatzweise hilft auch Lavendel- oder Nelkenöl im Nacken- und Bauchbereich.

Bekämpfung *Mechanisch:* Alle bevorzugten Plätze mehrfach über einen längeren Zeitraum hin absaugen und den Staubsaugerbeutel anschließend im Freien entsorgen. Lose verlegte Teppiche ausklopfen, nach Möglichkeit längere Zeit in die Sonne hängen oder mit einem Dampfbügeleisen bügeln. Holzfußböden abends mit einer starken Seifenlauge nass wischen und trocknen lassen.
Chemisch: In Apotheken erhalten Sie Flohshampoos und -puder (beachten Sie die Gebrauchsanweisung bitte genau!). Denken Sie auch daran, dass eine Kur gegen möglicherweise übertragene Bandwürmer notwendiger Bestandteil einer erfolgreichen Flohbehandlung ist!

45

Mit ein wenig Geduld bei der Anwendung der beschriebenen Bekämpfungsmittel können Sie auch bei Flöhen auf den Einsatz von Chemie verzichten.

Messingkäfer *(Niptus hololeucus)*

Diese Käferart ist *schädlich****, da sie als Allesfresser große Material-schäden anrichtet. Vorsicht ist beim Kauf von Altbauten geboten!***

Der Messingkäfer ist ein flugunfähiges, nachtaktives Insekt, das auf der ganzen Welt verbreitet ist.

Aussehen 2,5 bis 4,5 mm groß; runder, messingfarbener Körper mit großem Kopf und goldgelben Härchen.

Vorkommen Über die ganze Welt verbreitete Käferart, die in aller Regel nur in älteren Häusern auftaucht. Dort verbergen sie sich tagsüber in dunklen, feuchten Ritzen und Spalten. Sie können über lange Zeiträume hinweg unbemerkt bleiben. Häufiges Vorkommen: Bäckereien, zoologische und botanische Sammlungen, Privathaushalte.

Befall Typischer Allesfresser, der Getreide, Samen, Mehl, Haferflocken oder Trockenfrüchte, aber auch Häcksel, Füll- und Isoliermaterial, Holz, Kunststoff, Leder, Textilien und Federn befällt.

Schäden Fraßschäden und Verunreinigungen an befallenen Materialien. An Textilien entsteht ein unregelmäßiger Lochfraß.

Vorbeugung Lebensmittel gut verschlossen aufbewahren. Textilien und Pelze vor langer Lagerung waschen, reinigen und in dicht schließende Hüllen verpacken. Den Lagerplatz mit Lappen auslegen, die mit Lavendel-, Patschuli- oder Zedernöl getränkt sind (Seite 85).

Bekämpfung *Mechanisch:* Befallenes Material sofort wegwerfen und den Lagerungsort mit Essig reinigen. Scheinbar unberührte Materialien etwa drei Tage tiefgefrieren. Stark betroffene Altbauten können oft nur durch eine sehr kostspielige Totalsanierung von der Käferplage befreit werden, da sehr häufig auch Isolierungen befallen sind.
Chemisch: Wegen der versteckten Lebensweise der Messingkäfer und ihrer Larven ist eine chemische Behandlung nur von einem professionellen Schädlingsbekämpfer durchzuführen (Seite 91).

46

Oft kann auch ein vor langer Zeit im Wäschekorb vergessenes Kleidungsstück die Befallsquelle des Messingkäfers sein.

Parkettkäfer *(Familie Lyctidae)*

Als Materialzerstörer ist der Parkettkäfer schädlich. Seine Anwesenheit wird oft erst bemerkt, wenn die Holzsubstanz schon zerstört ist.

Aussehen 3 bis 5 mm lang; braun mit länglichem Halsschild; Larven bis 4 mm lang. Die Larven des Käfers sind den Larven des Holzwurms zum Verwechseln ähnlich.

Vorkommen Häufig in tropischen Hölzern, bei unseren heimischen Holzarten vorwiegend in Laubholz. Die Käfer bevorzugen Splintholz, also Holz aus dem äußeren Bereich des Stammes. Anders als bei vielen Holzschädlingen haben die Fluglöcher unregelmäßige, fransige Ränder.

Parkettkäfer befallen neben den einheimischen Holzarten auch alle tropischen Hölzer.

Befall Trockenes, bereits vorbereitetes Holz, Parkettböden, Möbel und Skulpturen aus Kastanien-, Eichen- oder Lärchenholz, Sperrholz sowie alle Tropenhölzer.

Schäden Im Anfangsstadium nur Fraßgänge, die aber meist nicht entdeckt werden, da die Holzoberfläche unversehrt bleibt. Zudem verrät sich der Parkettkäfer nicht wie andere Nagekäferarten durch herausrieselndes Bohrmehl. Im fortgeschrittenen Stadium ist das gesamte Kernholz quasi pulverisiert.

Vorbeugung Ausschließlich imprägniertes Holz verbauen. Rohe Parkettböden immer abschleifen und versiegeln. Verwenden Sie für tragende Holzkonstruktionen das stabilere Kernholz eines Stammes. Ein kompetenter Holzhändler wird Sie hierbei gern beraten.

47

Kleinere Holzskulpturen können im Backofen bei etwa 80 °C vorbeugend auf Holzschädlinge behandelt werden.

Bekämpfung *Mechanisch:* Stark befallenes Holz austauschen, insbesondere tragende Balken und Fußböden. Der Parkettkäfer ist frostempfindlich, unter 0 °C sterben die Larven ab. Befallene Möbelstücke bei Frost ins Freie stellen und den Vorgang öfter wiederholen, um auch resistentere Larven zu erwischen.

Keller und Dachboden

Keller und Dachboden sind die »unbewussten Räume« eines Hauses. Für ihren Zustand beginnt man sich oft erst zu interessieren, wenn es fast oder sogar schon ganz zu spät ist. Vom Hausholzbock völlig zerfressene Dachstühle, vermoderte Bücher- oder Kleidersammlungen und ruinierte Möbelstücke sind dann die stummen Zeugen dieser Vernachlässigung. Dabei sind gerade diese beiden Räume die größte Ungezieferschwachstelle des Hauses. Hier empfiehlt es sich besonders, vorbeugende Maßnahmen zu ergreifen.

Hausholzbock *(Hylotrupes bajulus)*

Der Hausholzbock ist als Materialzerstörer schädlich*. Je jünger das Holz ist, umso größer ist die Wahrscheinlichkeit eines Befalls.*

Aussehen 7 bis 25 mm groß; graubrauner bis weißer Flaum, zwei helle Querbinden auf den Flügeln. Die Männchen sind sehr viel kleiner als die Weibchen. Die Holzböcke tragen ihre Fühler in Ruhestellung nach hinten gekrümmt, was ihnen den Vergleich mit Steinbockhörnern eingebracht hat: Daher rührt der Name des Käfers. Die weißen, 2 cm großen Larven haben einen schwarzen Kopf.

Der Hausholz- oder Balkenbock befällt ausschließlich Nadelholz.

Vorkommen Der Hausholzbock ist von Nordafrika bis Skandinavien weit verbreitet. Für die Entwicklung seiner Larven benötigt der Käfer eine Temperatur von mindestens 25 °C.

Befall Ausschließlich Nadelholz, da Laubholz für die Larven giftige Stoffe enthält. Auch verbautes Holz kann vom Hausholzbock befallen werden wie Dielen, Tür- und Fensterrahmen sowie Dachbalken.

48
Verwenden Sie zum Bauen nur mit Holzschutzmittel imprägniertes oder resistentes Holz.

Schäden Die lange Entwicklungszeit der Larven von 10 Jahren kann zu immensen Schäden führen. Sie fressen bis zu 12 mm dicke Larvengänge, die lange unentdeckt bleiben, da die Oberfläche unversehrt ist. Betroffen sind vor allem die Südseiten von Dachstühlen.

Vorbeugung Achten Sie vor allem beim Kauf von alten Häusern auf die oben erwähnten Schwachstellen. Beim Bau sollten Sie ausschließlich trockenes und ausreichend imprägniertes Holz verwenden.

49
Zusätzlichen Schutz bietet eine Heißluftbehandlung des Holzes vor dem Einbau – bei tragenden Holzkonstruktionen ohnehin ein Muss!

Bekämpfung Heißluftbehandlung oder Begasung sind die einzige Möglichkeit, Holzböcke zu bekämpfen. Beauftragen Sie dazu einen Schädlingsbekämpfer (Seite 91) oder eine Spezialfirma. Fragen Sie nach dem Erlaubnisschein der Firma für dieses Verfahren, um eventuellen Haftungsfragen bei unsachgemäßer Arbeit vorzubeugen.

Hausmaus *(Mus musculus)*

So harmlos und niedlich sie auch aussehen mag – als Überträger verschiedenster Krankheitskeime ist die Hausmaus gefährlich.

Mäuse vermehren sich ungewöhnlich schnell: Bis zu achtmal pro Jahr werden die Weibchen trächtig.

Aussehen 7 bis 11 cm groß, der Schwanz ist in der Regel noch einmal so lang wie der Körper. Farbvariationen von dunkel- bis graubraun, das Bauchfell der Tiere ist zum Teil deutlich heller als die Rückenbehaarung.

Vorkommen Innerhalb von Gebäuden vor allem in Kellern, Dachböden, Ställen, Getreidespeichern. In ländlichen Gegenden ziehen Mäuse oft nur zum Überwintern in Häuser ein, wo sie gern in Heizungsschächten wohnen.

Schäden Mäuse ernähren sich von tierischen und pflanzlichen Substanzen aller Art. Die eigentliche Gefahr besteht aber in der möglichen Übertragung von Krankheiten und Keimen (Virusinfektionen, Salmonellen, Leptospirose). Auch die äußerst aggressiven Hantaviren werden durch Mäuse übertragen. Sollten grippeähnliche Symptome auftauchen, kurz nachdem Sie mit Mäusen in Berührung waren, suchen Sie umgehend einen Arzt auf. Flöhe und Milben, die von den Mäusen auf Menschen übergehen, sind ebenso wie Kot und Urin der Mäuse potentielle Überträger von Infektionen.

Reinigen Sie einen von Mäusen verseuchten Raum niemals ohne Mundschutz, denn der aufgewirbelte Staub und Schmutz ist mit Keimen durchsetzt, die zu schweren Krankheiten führen können, wenn sie eingeatmet werden.

50

Reinigen Sie einen von Mäusen verseuchten Raum niemals ohne Mundschutz! Der aufgewirbelte Staub ist voller gefährlicher Krankheitskeime.

Vorbeugung Beseitigen Sie mögliche Einschlupflöcher in Kellern und Dachböden, indem Sie sie möglichst engmaschig vergittern.
Bewahren Sie Vorräte ausschließlich in geschlossenen Behältern auf. Mülleimer sollten sowohl innerhalb als auch außerhalb des Hauses dicht schließende Deckel haben und regelmäßig gereinigt werden. Komposthaufen gehören nicht in die Nähe des Hauses und sollten

nach allen Seiten durch ein feinmaschiges Drahtgitter abgesichert werden. Knochen und Fleischreste am besten nur in Zeitungspapier gewickelt entsorgen, da Fleischgeruch äußerst anziehend auf Mäuse und Ratten wirkt. Auch Fliegen werden so wirksam ferngehalten.

Bekämpfung Wenn Sie eine einzelne Maus in Ihrem Haus sehen, ist das in der Regel ein Hinweis auf eine ganze Mäusefamilie, die in weitläufigen Verstecken über das gesamte Gebäude verteilt leben kann. Eine Bekämpfungsaktion sollte sich aus diesem Grund immer über einen längeren Zeitraum erstrecken, selbst wenn die gesichtete Maus bereits erlegt ist und keine weiteren Tiere mehr auftauchen.
Mechanisch: Katzen sind seit jeher die professionellsten »Schädlingsbekämpfer« bei einer Mäuseplage. Sollten Sie keine eigene Katze besitzen, dann kann auch eine »Leihkatze« von Nachbarn oder Freunden gute Dienste leisten. Sorgen Sie dafür, dass die Katze sich an ihre neue Umgebung gewöhnt und Zugang zu den möglichen Schlupflöchern der Mäuse hat. Lassen Sie die »Leihkatze« nicht durch offene Türen oder Fenster entwischen.
So genannte Schlagfallen sind in Gartenzentren erhältlich und müssen über einen längeren Zeitraum hinweg an ständig wechselnden Orten aufgestellt werden. Als Köder empfiehlt sich Kartoffelbrei, da er nicht verschleppt werden kann, aber auch Nüsse oder Vanillezucker sind geeignet. Beseitigen Sie tote Mäuse nicht mit bloßen Händen. Mit Hilfe einer umgestülpten Plastiktüte lassen sich die Tiere problemlos aufnehmen. Die Kadaver müssen in Plastiksäcken zur Tierkörperverwertung gebracht werden. Reinigen Sie Ihre Hände nach jeder Berührung mit einer Maus gründlich.
Chemisch: Alle Giftködermethoden haben den gravierenden Nachteil, dass sich die sterbenden Mäuse in ihre schwer zugänglichen Verstecke zurückziehen und von dort aus nach dem Verenden durchdringende Verwesungsgerüche verbreiten. Spezielle Fraßköder auf Vitamin-D-Basis unterbinden den Leichengeruch, da sie zu einer Austrocknung des Mäusekadavers führen. Sie sind anderen Ködern deshalb in jedem Fall vorzuziehen. Legen Sie die Köder über einen längeren Zeitraum an immer wieder wechselnden Orten aus.

51 Halten Sie Kinder, Hunde und Katzen unbedingt von vergifteten Mäuseködern fern, und verfüttern Sie auf keinen Fall tote Mäuse an Haustiere.

52 Achten Sie darauf, möglichst nur Fraßköder auf Vitamin-D-Basis zu verwenden. Die Mäuse trocknen aus und verströmen daher keinen Leichengeruch.

Holzwespe (Sirex spec., Urocerus spec.)

Als Holzzerstörer gelten die Holzwespen nur als bedingt schädlich. Sie sind ausschließlich in ländlichen Gebieten anzutreffen.

Holzwespen, die in Wäldern großen Schaden anrichten können, legen ihre Eier nur in frischem Holz ab.

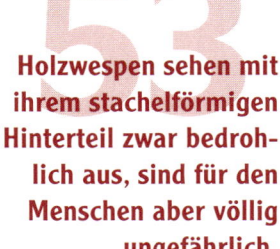

Holzwespen sehen mit ihrem stachelförmigen Hinterteil zwar bedrohlich aus, sind für den Menschen aber völlig ungefährlich.

Aussehen Je nach Art 8 bis 45 mm lang; schwarzer Körper mit hellbraunem Hinterleib, gelblichen Fühlern und Beinen sowie gelber Halsbinde. Im Gegensatz zur normalen Wespe hat die Holzwespe keine Taille.

Vorkommen Holzwespen sind Waldinsekten und befallen kranke, frisch abgestorbene oder umgestürzte Bäume. Auch im Wald gelagertes Rundholz ist oft schon von den Wespen befallen, bevor es weiterverarbeitet wird.

Schäden Holzwespen stechen lange Kanäle in das Holz und legen dort ihre Eier ab. Das Holz dient den Larven der Wespe als Nährsubstrat. Die Fraßgänge der Larven sind schwer zu erkennen, da sie mit Bohrmehl so fest verstopft werden, dass das Mehl nicht mehr herausrinnen kann. Der eigentliche Schaden entsteht jedoch erst, wenn die Larven ihre Kinderstube verlassen: Um ins Freie zu gelangen, durchbohren sie alle Hindernisse wie zum Beispiel Verkleidungen, Bodenbeläge oder Dachpappen. Zusätzlich übertragen Holzwespen verschiedene Pilzsporenarten, die das Holz schneller zersetzen. So können die Larven das Holz schneller aufnehmen und besser verdauen. Die aktive Phase der Wespen dauert von Juni bis August.

Vorbeugung Nach Möglichkeit ausschließlich imprägniertes Holz verbauen, beziehungsweise Holz mit einem hohen Gerbsäureanteil.

Bekämpfung *Chemisch:* Begasung ist die einzige Methode, um von den Wespen befallenes Holz zu retten. Zu dieser Maßnahme ist ausschließlich ein Schädlingsbekämpfer mit speziellem Befähigungsnachweis berechtigt (Seite 91). Fragen Sie auch die Firma, die Sie beauftragen möchten, nach dem entsprechenden Erlaubnisschein.

Holzwurm *(Anobium puctatum)*

Als Materialvernichter sind Holzwürmer schädlich. *Sie kommen in altem, abgelagerten Holz wie Möbeln und Skulpturen vor.*

Aussehen Holzwurm ist die Bezeichung für die Larve des Totenuhrkäfers. Die Entwicklung der Larven dauert etwa 3 – 4 Wochen. Der Käfer ist 3 bis 4 mm groß und hat einen dunkelbraunen, zylindrischen Körper.

Befall Holzwürmer bevorzugen feuchtes Holz, kommen aber auch in trockenem, altem Holz wie antiken Möbeln oder Holzskulpturen vor. Eine normale Zimmertemperatur von 21 °C begünstigt die Entwicklung der Larven.

Die Larven des Totenuhr-käfers heißen Holzwürmer. Sie können Möbel und Holzskulpturen völlig zerstören.

Schäden Das Holz ist von Fraßgängen von 1 bis 2 mm Durchmesser durchzogen, die Fluglöcher sind kreisrund. Der Kern des Holzes kann völlig zerfressen sein, während die Oberfläche unberührt ist.

Vorbeugung Lagern Sie Ihre Möbel ausschließlich in trockenen Räumen. Dachböden sollten gut abgedichtet werden, um das Einfliegen der Käfer zu verhindern. Achten Sie beim Kauf von antiken Möbelstücken auf eventuell vorhandene Fluglöcher.

Bekämpfung *Mechanisch:* Erhitzen des befallenen Holzes auf etwa 60 °C (mindestens eine halbe Stunde lang) tötet die Holzwürmer wirkungsvoll ab. Bei antiken Möbeln oder Skulpturen sollte das lieber ein professioneller Schädlingsbekämpfer übernehmen (Seite 91). Ein altes Hausmittel sind Eicheln in einem offenen Kästchen unter den betroffenen Möbelstücken. Die Würmer wandern nach und nach in die Eicheln ab, die regelmäßig erneuert werden müssen. An kalten Wintertagen mit hohen Minustemperaturen können Sie befallene Möbel einige Tage ins Freie stellen. Achten Sie auf einen trockenen Standplatz.
Chemisch: Nach der Hitzebehandlung muss zur Vermeidung eines Neubefalls ein Holzschutzmittel aufgetragen werden.

54

Falls Sie eine Sauna im Haus haben, können Sie darin die Hitzebehandlung von durch Holzwürmer befallenen Möbelstücken vornehmen.

Mauermilbe *(Balaustium murorum)*

Wenn sie in Massen auftreten, sind Mauermilben lästig. Sie übertragen keine Krankheiten und sind nur selten allergieauslösend.

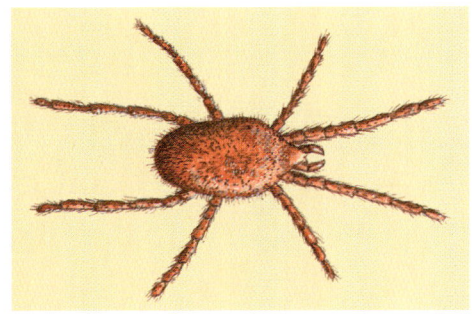

Rote Mauermilben sind nachtaktive Tiere, die sich tagsüber in ihre dunklen Verstecke zurückziehen.

55

Der Stich der Mauermilbe führt schlimmstenfalls zur Bildung einiger juckender Quaddeln, löst in der Regel jedoch keine Allergien aus.

Aussehen Blutrote, dicht behaarte Milben, die gerade noch mit dem bloßen Auge sichtbar sind. Für den Menschen wahrnehmbar werden die Mauermilben in aller Regel erst dann, wenn es bereits zu einer explosionsartigen Massenvermehrung gekommen ist. Die Milben haben vier Beinpaare und stark ausgebildete Mundwerkzeuge.

Vorkommen Vor allem in Trockenmauern, auf begrünten Flachdächern und auf Garagen. Die Milben saugen kein Blut, sondern ernähren sich von Pflanzenabfällen.

Schäden Hauptsächlich in den Sommermonaten Juni und Juli kann es zu einer Massenvermehrung kommen. Die Milben wandern dann aus ihren Siedlungsplätzen ab und können sich in großer Zahl in Wohnräumen niederlassen. Vereinzelt stechen Mauermilben Menschen. Sie sind jedoch eher ein Ekel- als ein Gesundheitsproblem.

Vermeidung Auch eine pflegeleicht angelegte Flachdachbegrünung sollte regelmäßig von Unkraut und Moosbewuchs befreit werden.

Bekämpfung *Chemisch:* Parallel zur Bekämpfung in den Innenräumen muss immer eine Behandlung mit Insektiziden im Bereich der Flachdachvegetation erfolgen, denn nur so kann das Milbenproblem auf längere Sicht wirksam gelöst werden.
Zur Bekämpfung in Innenräumen sind Präparate mit den Wirkstoffen Pyrethrum, Bioallethrin und Bioresmethrin geeignet (Seite 89). Bitte wenden Sie diese Mittel aber nur bei Massenbefall an! Nach der Behandlung müssen die Räume über mehrere Tage großzügig gelüftet werden. Für den Flachdachbereich sind Pflanzenschutzmittel mit milbentötenden Wirkstoffen am geeignetsten.

Rote Vogelmilbe *(Dermanyssus gallinae)*

Vogelmilben sind bedingt schädlich für die Gesundheit des Menschen; ihre Bisse verursachen unangenehm juckende Quaddeln.

Aussehen Bis zu 1 mm groß; rundliche Form, vier Beinpaare, stechend-saugende Mundwerkzeuge; rote Färbung. Nach der Nahrungsaufnahme dunkelrot bis schwarz.

Vorkommen Vogelmilben leben in Vogelnestern, oder bei langjährigen Taubenruheplätzen. Sie sind typische Geflügelparasiten, die nur in »Notzeiten« den Wirt wechseln. Besonders in Dachwohnungen, in deren Nähe sich Taubennester befinden, können sie zur Plage werden.

Rote Vogelmilben sind nachtaktive Tiere, die sich im Morgengrauen zurückziehen.

Befall Vogelmilben sind im Gegensatz zu den Mauermilben reine Blutsauger. Wenn ihre Hauptwirte, die Vögel, als Nahrungsquelle ausfallen, können sie auch Menschen, Hunde oder Katzen befallen.

Schäden Die Stiche verursachen Quaddeln mit Juckreiz, in Extremfällen führen sie zu Hautausschlägen. Durch Kratzen können Sekundärinfektionen entstehen. In seltenen Fällen treten vor allem bei sehr empfindlichen Menschen auch Allergien auf.

Vorbeugung Beseitigen Sie Vogelnester aus der Nähe Ihrer Wohnung. Sichern Sie Dachwohnungen durch Netze und Verdrahtung der Dachrinnen vor Taubenanflug. Ein kompetenter Schädlingsbekämpfer wird Sie gerne dabei beraten (Seite 91).

Bekämpfung *Chemisch:* Vogelmilben sind winzig und gelangen selbst durch kleinste Ritzen und Spalten in die Wohnung. Weil sie nachtaktiv sind, ist ein Aufspüren ihrer Schlupflöcher wenig erfolgversprechend. Sollten die vorbeugenden Maßnahmen nicht ausreichen, um der Plage Herr zu werden, beauftragen Sie einen Schädlingsbekämpfer mit der chemischen Bekämpfung (Seite 91).

56

Beseitigen Sie Vogelnester aus der Nähe Ihrer Wohnung. Aber beachten Sie: viele Vogelarten stehen unter Naturschutz. Entfernen Sie deshalb Vogelnester nie während der Brutperiode, um den Bestand nicht zu gefährden.

Moderkäfer *(Latridiidae)*

Moderkäfer sind als Materialzerstörer schädlich. *Sie sind aber gute Indikatoren für einen gesundheitsschädlichen Schimmelbefall.*

Vor allem in feuchten, schimmelbefallenen Wohnungen können Moderkäfer zur lästigen Plage werden.

Aussehen 1 bis 3 mm groß; Fühler an den Enden keulenförmig verdickt. Die weißlich-gelben Larven werden 3 mm lang und sind leicht behaart. Der Moderkäfer ist in Europa mit mehr als 60 Arten weit verbreitet.

Vorkommen Der Moderkäfer lebt überall dort, wo auch der Schimmel »blüht«, da er sich von den Pilzmyzelien ernährt. Der Käfer benötigt zum Überleben eine Luftfeuchtigkeit von mindestens 80 Prozent.

Befall Im Freiland an Baumschwämmen und modernden Baumstämmen sowie in Räumen mit hoher Feuchtigkeit ernähren sich die Schimmelkäfer von Schimmelpilzen tierischer und pflanzlicher Herkunft. Feuchte Neubauten sind besonders gefährdet.

Schäden Der Käfer selbst ist nicht gesundheitsschädigend zeigt aber Schimmelbefall an, der Allergien auslösen kann. In großen Mengen können die Käfer sehr lästig werden. Bei chronisch feuchten Räumen empfiehlt sich fachmännischer Rat für die Trockenlegung.

Vorbeugung Raumklima durch regelmäßiges Heizen und Lüften trocken halten. Lebensmittel und andere schimmelanfällige Materialien wie Papier nicht in feuchten Räumen lagern.

Bekämpfung *Mechanisch:* Bereits angeschimmelte Materialien sofort entfernen. Befallene Räume gründlich reinigen und mehrere Tage großzügig heizen und lüften. Unzugängliche Ritzen und Spalten mit einem Fön erhitzen und anschließend versiegeln.
Chemisch: In Gartenzentren gibt es eine 0,2% Lösung von Baython® zum Versprühen in den ausgeräumten und gereinigten Räumen.

57

Ohne die dauerhafte Beseitigung von Feuchtigkeit in den betroffenen Räumen wird die chemische Bekämpfung von Moderkäfern nur eine zeitlich begrenzte »Schönheitsoperation« bleiben.

Taubenzecke *(Argas reflexus)*

Taubenzecken sind gefährlich, da ihr Biss starke Allergien auslösen kann. Ein Befall duch Taubenzecken ist schwer zu diagnostizieren.

Aussehen 5 bis 11 mm groß; steingrau bis gelblich, manchmal auch rötlich gefärbt; ovaler, flacher Körper. Die Larven werden bis zu 1 mm groß. Taubenzecken und Bettwanzen (Seite 35) sind sich zum Verwechseln ähnlich.

Vorkommen Im Gefieder der Tauben versteckt, gelangen die Zecken in die Nähe menschlicher Siedlungen. Die Tiere sind nachtaktiv und verbergen sich tagsüber in den dunklen Ritzen von Dachböden oder in Taubennestern.

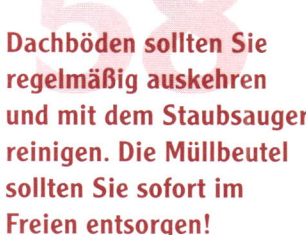

Eine Taubenzeckenplage sollte nur von einem Profi bekämpft werden.

Befall Bei Massenbefall können die blutsaugenden Taubenzecken auch in Dachwohnungen eindringen und Menschen stechen.

Schäden Stiche von Taubenzecken verursachen Quaddeln und starken Juckreiz. Sie können bei empfindlichen Menschen schwere allergischen Reaktionen auslösen, und massiver Taubenzeckenbefall kann betroffene Wohnungen unbewohnbar machen! Nach dem Genuss von Menschenblut sterben die Zecken innerhalb weniger Tage ab.

Vorbeugung Beseitigen Sie die Taubennistplätze unter dem Dach und in der Nähe Ihrer Wohnung. Sichern Sie Dachboden und Balkon mit Netzen vor Taubeneinflug. Engmaschige Fliegengitter vor den Fenstern verhindern das Eindringen von Taubenzecken.

58

Dachböden sollten Sie regelmäßig auskehren und mit dem Staubsauger reinigen. Die Müllbeutel sollten Sie sofort im Freien entsorgen!

Bekämpfung Die Bekämpfung einer Taubenzeckenplage ist äußerst kompliziert, da die Zecken sehr resistent gegen Umwelteinflüsse sind und auch jahrelang ohne Nahrung auskommen können, bevor sie sich einen neuen Wirt suchen. Beauftragen Sie daher bei einem Befall durch Taubenzecken einen Schädlingsbekämpfer mit der Beseitigung der Zecken (Seite 91).

Wanderratte *(Rattus norvegicus)*

Mehr als jede andere Ungezieferart sind Ratten gefährlich und als Überträger verschiedenster Krankheitskeime zu Recht gefürchtet.

Durch den nachlässigen Umgang mit Vorräten und Abfällen sind die Wanderratten heute wieder vermehrt auf dem Vormarsch.

59

Essensreste gehören nur fest in Zeitungspapier gewickelt auf den Kompost, da Verwesungsgerüche Ratten und Mäuse anziehen.

Aussehen Mit Schwanz bis zu 50 cm lang. Charakteristische lange Nagezähne in Unter- und Oberkiefer; gräuliche bis hellbraune Fellfärbung mit hellem Bauch.

Vorkommen Wanderratten sind Allesfresser und leben meist in Gewässernähe oder in zerborstenen Abwasserleitungen. Ihre Futterplätze sind Mülldeponien, Komposthaufen, Keller und alle Orte, an denen Substanzen tierischer und pflanzlicher Herkunft gelagert werden.

Schäden Ratten sind gefürchtete Krankheitsüberträger. Eine direkte Ansteckung durch Bisse ist eher selten; wirklich problematisch ist dagegen die indirekte Erkrankungsgefahr durch den Urin und Kot der Tiere. Auch Flöhe und Milben sind nach einem Wirtwechsel von der Ratte auf den Menschen besonders gefährliche Krankheitsträger.
Ratten können Typhus, Ruhr, Tuberkulose, Cholera und zahlreiche andere Krankheiten übertragen. Wichtig: Reinigen Sie von Ratten und Mäusen verseuchte Räume niemals ohne Atemschutzmaske, da mit dem Staub auch sämtliche Keime aufgewirbelt werden. Abgesehen vom Krankheitsrisiko, richten die Tiere erhebliche materielle Schäden an: Sie zernagen Holzdielen und Türblöcke, fressen sich durch Isolationen, zerbeißen elektrische Leitungen und machen Vorräte völlig unbrauchbar. Sogar Dämme und Deiche werden von hungrigen Ratten gefährlich beschädigt. Ratten sind intelligente und lernwillige Tiere. Sie begreifen rasch, wo und wie sie schnell und unproblematisch an Futter kommen.

Vorbeugung Besonders wenn Sie in der Nähe eines Gewässers leben, sollten Sie darauf achten, keine Einschlupfmöglichkeit in Ihren Keller zu bieten. Dichten Sie alle Fugen und Löcher im Mauerwerk mit Silikon oder Gips ab. Sichern Sie Ihren Kompost rundherum mit einem engmaschigen Gitter und packen Sie Essensreste fest in Zeitungspapier, bevor Sie sie zum Kompost geben. Müllbehälter sollten immer einen fest schließenden Deckel haben (Seite 82).

Bekämpfung *Mechanisch:* Katzen sind noch immer die natürlichste und zugleich auch unaufwendigste »Waffe« gegen Ratten und Mäuse. Besitzen Sie selbst keine Katze, dann kann Ihnen eine »Leihkatze« von Freunden oder Nachbarn ebenfalls gute Dienste leisten.

Schlagfallen gegen Ratten und Mäuse

Abgesehen von Katzen sind Schlagfallen, die Sie in Gartenzentren erwerben können, die ungefährlichste und wirksamste Methode zur Beseitigung von Einzeltieren. Süßer Kartoffelbrei ist dabei als Köder besonders gut geeignet, da er von den Ratten nicht weggeschleppt werden kann. Alle anderen Köder, wie Fisch oder Speck dürfen nicht mit den Händen berührt werden, da Ratten keinen Menschengeruch mögen. Speck muss zuerst angebraten werden, bevor er als Köder verwendet werden kann.

Beseitigen Sie verendete Tiere niemals mit bloßen Händen. Tragen Sie dicke Handschuhe, auch um dem Biss einer vermeintlich toten Ratte vorzubeugen! Werfen Sie tote Ratten niemals in den Hausmüll, sondern geben Sie sie zur Tierkörperverwertung.

Lebendfallen mögen dem Tierfreund als eine humanere Methode erscheinen, um Ratten zu beseitigen, jedoch ist das Aussetzen einer lebenden Ratte ein bedenkliches Unterfangen. Ihr Nachbar wird die Ratte ebenso wenig in seinem Haus mögen wie Sie!

Chemisch: Unsachgemäße Bekämpfung mit vergifteten Ködern kann eine Verschlimmerung der Rattenplage zur Folge haben. Vielerorts sind die Ratten gegen gängige Köder immun geworden und nehmen sie als willkommene Abwechslung in ihrem Speiseplan an. Zudem stellt das Gift eine Gesundheitsgefahr für Kinder und Haustiere dar. Beauftragen Sie deshalb besser einen Schädlingsbekämpfer, falls mechanische Mittel nicht ausreichen sollten (Seite 91).

60 Kartoffelbrei ist für Mause- und Rattenfallen ein idealer Köder, da er nicht verschleppt werden kann. Aber auch Speck, Fisch oder Getreide sind gute Ködermittel.

61 Tragen Sie immer Handschuhe, wenn Sie lebende oder tote Ratten berühren: Auch bewusstlose Tiere können im Reflex noch zubeißen!

Pflanzen in Haus und Garten

Haus und Garten sind zwei Lebensbereiche, die besonders im Sommer fließend ineinander übergehen. So machen die Pflanzenschädlinge des Gartens durchaus nicht auf der Türschwelle Ihres Hauses Halt. Oft werden Zimmerpflanzen von Schädlingen aus dem Garten geplagt. Im folgenden Kapitel werden die häufigsten und hartnäckigsten Pflanzenschädlinge vorgestellt und Tipps zur Bekämpfung gegeben.

Dickmaulrüssler *(Otiorhynchus sulcatus)*

*Die **für Pflanzen schädlichen** Rüsselkäfer fressen die Blätter der Pflanze, während die Larven sich von den Wurzeln ernähren.*

Aussehen Bis zu 12 mm lang; schwarz genoppter Panzer mit hellgelben Flecken. Die Larven des Käfers sind gelblich-weiß, fettig glänzend, mit einem dunklen Kopf.

Vorkommen Die Larven entwickeln sich im Wurzelwerk der Wirtspflanzen. Besonders betroffen sind im Container gezogene Pflanzen, deren Wurzelwerk in der Regel meist stark verdichtet ist. Ihre Vorzugsnahrung sind Farne, Rhododendren, Azaleen, Efeu und Alpenveilchen.

Zur Familie der Rüsselkäfer gehört der flugunfähige Dickmaulrüssler.

Schäden Rüsselkäfer versenken ihre Eier im Pflanzengewebe, indem sie mit dem Rüssel Löcher hineinbohren, wodurch die betroffenen Pflanzen vorzeitig welken. Trotz normalen Gießens und Düngens erholt sich die Pflanze nicht mehr. Dies ist ein Zeichen für eine bereits bestehende Schädigung. Im schlimmsten Fall ist der Wurzelhals bereits vollständig abgeschält und kann sich trotz intensiver Behandlung nicht mehr regenerieren.

Vorbeugung Für Topfpflanzen nur Blumenerde aus dem Fachhandel verwenden und beim jährlichen Umtopfen das Wurzelwerk kontrollieren. Rettiche und Radieschen im Garten anpflanzen, weil sie für die Larven des Dickmaulrüsslers giftige Substanzen enthalten.

Bekämpfung *Mechanisch:* Käfer auf festem Untergrund zertreten. Die befallene Pflanze aus dem Topf nehmen, die Wurzeln auf Larven untersuchen und abspülen, die Pflanze anschließend in frische Erde setzen. Verwenden Sie für Topfpflanzen niemals Wald- oder Moorerde. *Biologisch:* Im Gartencenter kann man räuberische Nematoden (Fadenwürmer) beziehen, die die Käfer auffressen. Die Anwendung erfolgt durch Gießen, wobei die Erde mindestens 13 °C warm sein muss.

62 Eine gesunde Pflanze ist weniger anfällig für Ungeziefer: Durch regelmäßiges Gießen und Düngen halten Sie Ihre Pflanzen fit.

63 Schlagen Sie die Natur mit ihren eigenen Waffen: Rettiche und Radieschen im Garten sind ein natürlicher Schutz gegen die Larven des Dickmaulrüsslers.

Fransenflügler *(Thripidae)*

*Die **für Pflanzen schädlichen** Fransenflügler kommen aus der Familie der Thripse. Sie können Pflanzenkrankheiten übertragen.*

Die Fransenflügler ernähren sich vom Saft der Pflanzen und sind unschädlich für die Gesundheit des Menschen.

64

Fransenflügler werden selten zu einer Plage: Eine Behandlung Ihrer Zierpflanzen mit Pflanzenschutzmitteln ist nur in Ausnahmefällen nötig. Am besten hat sich hier der Einsatz von Florfliegen bewährt, die die Brut der Fransenflügler vernichten.

Aussehen 1 bis 2 mm lang; langgestreckter Körper, Facettenaugen, weiße, schmale Flügel mit langen Fransen. Die Fransenflügler sind gelblich bis braunschwarz gefärbt. Nur die geschlechtsreifen Tiere können fliegen.

Vorkommen Weltweit verbreitet mit fast 2000 Unterarten, von denen etwa 300 bei uns heimisch sind. Bei Gewittern treten sie in großen, schwarzen Schwärmen auf und werden deshalb auch »Gewitterfliegen« genannt.

Befall Fransenflügler ernähren sich vom Saft bestimmter Pflanzen. Nur in sehr seltenen Fällen stechen Fransenflügler auch Menschen.

Schäden An den betroffenen Pflanzen entstehen durch das Saugen weiße Flecken; außerdem hinterlassen sie winzige braune, glänzende Kotflecken. Die Blätter verformen sich und wachsen nicht mehr richtig. Fransenflügler sind potentielle Überträger von pflanzenschädigenden Krankheiten. Menschen reagieren auf die Stiche der Insekten in der Regel nur mit leichtem Juckreiz.

Vorbeugung Fliegengaze vor den Fenstern anbringen. Bei Gewitterstimmung und in der Dunkelheit keine Fenster bei eingeschaltetem Licht öffnen, da Licht die Tiere anzieht.

Bekämpfung *Mechanisch:* Gelbsticker in der Nähe der befallenen Pflanzen aufhängen und regelmäßig auswechseln.
Biologisch: In Gartenzentren erhalten Sie Florfliegen (Seite 87), die die Brut der Fransenflügler fressen. Erkundigen Sie sich auch nach neu entwickelten biologischen Bekämpfungsmitteln auf dem Markt.

Holzameise *(Lasius fuligiosus)*

Als Materialzerstörer sind sie schädlich. *Sie zersetzen organische Stoffe und können Holzkonstruktionen zum Einsturz bringen.*

Aussehen 2 bis 5 mm lang; schwarze oder rötliche Färbung. Die Holzameisen unterscheiden sich von den Garten- und Wegameisen nur durch ihr massenhaftes Vorkommen im Holz. Die Arbeiterinnen sind flugunfähig.

Vorkommen Im Freiland legen die Holzameisen ihre Nester im Erdreich oder in Bäumen an. An Gebäuden siedeln sie im Bereich von feuchten Brettern oder Balken und an durch Pilze und Insekten vorgeschädigtem Holz.

Holzameisen sind nur schwer von den Garten- und Wegameisen zu unterscheiden.

Schäden Die Holzameisen zersetzen feuchtes oder vorgeschädigtes Holz. Sie können bei der Nahrungssuche auch in Küchen vordringen und dort, wie die Wegameisen, zu einer sehr lästigen Plage werden.

Vorbeugung Nur imprägniertes Bauholz benutzen, morsche und feuchte Holzteile rechtzeitig austauschen, verwitterndes Holz aus der Nähe des Hauses entfernen. In der Küche keine zuckerhaltigen Lebensmittel offen stehen lassen, da der Geruch die Ameisen anlockt.

Bekämpfung *Mechanisch:* Bereits befallene Holzteile müssen ausgetauscht werden. Einzeltiere, die im Haus auftauchen, sollten sofort ins Freie befördert werden. Haben die Ameisen bereits Straßen im Haus angelegt, gelten für sie die gleichen Bekämpfungsmaßnahmen wie für die Wegameisen (Seite 28).
Chemisch: Die Bekämpfung mit Köderdosen empfiehlt sich bei dieser Ameisenart nur innerhalb des Hauses. Den eigentlichen Schaden richten diese Ameisen in der Regel im Außenbereich an, wo eine chemische Bekämpfung weder erlaubt noch ratsam ist. Holen Sie im Zweifelsfall den fachmännischen Rat der Naturschutzbehörde ein. Sie hilft Ihnen auch bei der Verlegung des Ameisennestes.

65

Auch wenn es übertrieben erscheint: Dulden Sie niemals eine vereinzelt in Ihrer Küche herumlaufende Ameise, denn sie ist die »Pfadfinderin« für Tausende von Kolleginnen.

Hornisse *(Vespa crabro)*

Die nachtaktiven Hornissen zählen zu den sehr friedliebenden Insekten. Ihre Stiche sind aber besonders für Allergiker gefährlich.

Hornissen sind die größte und zugleich die friedlichste einheimische Wespenart.

Aussehen 18 bis 25 mm groß, die Königin bis 35 mm; Oberkörper rötlichbraun, Unterleib gelb gestreift; sie sieht aus wie eine riesige Wespe. Das Gift der Hornissen ist in der Wirkung dem Bienengift sehr ähnlich.

Vorkommen Hornissen leben im Garten und bauen ihre Nester in Baumhöhlen und Nistkästen, seltener auf Dachböden. Sie stehen unter Naturschutz; ihre Nester dürfen nicht ohne behördliche Genehmigung entfernt werden.

Schäden Hornissen sehen durch ihre imposante Größe gefährlich aus, stechen aber nur selten. Sie werden ebenso wie Wespen (Seite 68) nur aggressiv, wenn sie sich in die Enge getrieben fühlen oder ihr Nest bedroht wird. Ihr Stich kann bei empfindlichen Menschen Allergien auslösen, ist aber normalerweise harmloser, als oft vermutet wird.

66

Die Wirkung von Hornissen- und Wespenstichen wird stark abgeschwächt, wenn Sie die Einstichstelle sofort mit einer frisch aufgeschnittenen Zwiebel oder Knoblauchzehe einreiben.

Vorbeugung Kochen Sie im Sommer niemals bei offenem Fenster: Die Gerüche locken auch Hornissen an. Diese Wespenart ist allerdings inzwischen so selten geworden, dass ihr Auftauchen ein Beweis für das gesunde Mikroklima Ihres Gartens ist. Wespenstichallergiker sollten immer ein Notfallmedikament bei sich tragen. Hornissen und Wespen legen ihre Nester gerne in unbenutzten Rollladenkästen an. Verschließen Sie deshalb die Zugänge zu diesen Hohlräumen.

Bekämpfung *Mechanisch:* Vereinzelt im Haus auftauchende Tiere sind kein Grund zur Panik: Mit etwas Geduld und Scheuchen mit einer Zeitung fliegen sie von selbst wieder ins Freie. Nester an Stellen, die für Menschen gefährlich sind, müssen der Naturschutzbehörde gemeldet werden, die Sie bei allen weiteren nötigen Schritten berät. Versuchen Sie auf keinen Fall, die Nester selbst zu entfernen!

Schildlaus *(Coccina)*

Die für Pflanzen schädlichen Schildläuse sind hartnäckige, langwierig zu bekämpfende »Gäste«. Hier hilft nur Ausdauer und Geduld.

Aussehen 1 bis 3 mm groß; oval mit rötlich-braunem Panzer. Schildläuse haben keine Beine und sind im Gegensatz zu den Larven unbeweglich. Eine Unterart ist der Gleichflügler, der mit 4000 Arten weltweit verbreitet ist.

Befall Die Schildläuse saugen sich mit ihrem Stechrüssel an den Stängeln und den Blattunterseiten der Wirtspflanzen fest. Sie kommen besonders bei hartblättrigen Pflanzenarten wie beispielsweise dem Oleander vor.

Schildläuse erzeugen einen klebrigen Überzug auf der Pflanze, der diese für Pilze besonders anfällig macht.

Schäden Weiße, gelbliche oder braune Schildchen auf beiden Blattseiten sowie an den Trieben. Pflanzen werden durch das Aussaugen des Saftes geschwächt. Die Ausscheidungen der Läuse erzeugen einen klebrigen Honigtau, der die Wirtspflanze für Pilze anfällig macht.

Vorbeugung Stärken Sie das Immunsystem Ihrer Pflanzen, indem Sie dem Gießwasser regelmäßig flüssigen Topfpflanzendünger beigeben. Isolieren Sie kranke Pflanzen, um daduch eine weitere Ausbreitung der Schildlauslarven zu unterbinden.

Bekämpfung *Mechanisch:* Mit einer Nadel können Sie die Läuse leicht von der Pflanze abheben. Reinigen Sie die Blätter der Pflanze anschließend sorgfältig mit einer milden Seifenlösung.
Natürlich: Siedeln Sie Schlupfwespen im Garten an, die es in Gartenzentren zu kaufen gibt. Sie sind ein natürlicher Feind der Schildläuse.
Chemisch: Sprühen Sie die Schildläuse mit dem Vernichtungsmittel Promanal F® oder Promanal Neu® gründlich ein und wiederholen Sie die Behandlung nach 10 bis 14 Tagen. Diese Mittel eignen sich aber nur bei hartlaubigen Pflanzen, da die Zellatmung der Pflanzen durch die chemischen Substanzen sonst zu stark eingeschränkt wird.

67

Schildläuse saugen sich an Pflanzen fest. Vereinzelt auftretende Tiere können leicht mit einer Nadel abgehoben werden.

Spinnenmilbe *(Panonychus ulmi)*

Wie alle Pflanzensaft saugenden Milbenarten überträgt auch die **für Pflanzen schädliche** *Spinnenmilbe viele Pflanzenkrankheiten.*

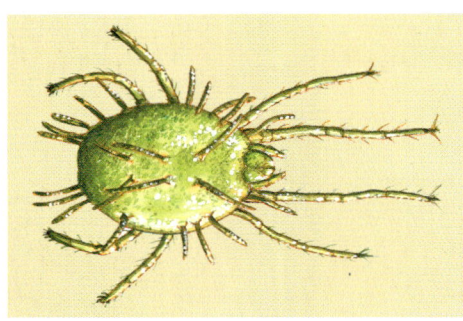

Spinnenmilben verursachen vor allem bei Zimmerpflanzen die so genannte Weißfleckigkeit.

Aussehen Bis zu 1 mm groß; unterschiedliche Farben (weißlich, gelblich, grünlich oder rotbraun). Spinnenmilben haben acht Beine und bewegen sich extrem schnell; mit dem bloßen Auge sind sie kaum zu erkennen.

Befall Die Milben sitzen auf der Blattunterseite und saugen einzelne Pflanzenzellen leer. Bevorzugte Wirte der Spinnenmilben sind Zimmerlinde, Alpenveilchen, Aralie, Zimmerefeu, Dieffenbachie und Fleißiges Lieschen.

Schäden Auf der Oberseite des Blattes entstehen kleine, weißliche Sprenkel (Weißfleckigkeit). Bei Massenbefall kann es zum völligem Vergilben und Absterben der Blätter kommen. Die Blätter der Pflanze werden von einem Gespinst feiner Fäden überzogen. Spinnenmilben übertragen verschiedene Pflanzenkrankheitserreger.

Vorbeugung Sorgen Sie für feuchte Luft, indem Sie Ihre Pflanzen regelmäßig besprühen oder Wasser in einem Schälchen zwischen die Pflanzen stellen. Verwenden Sie enthärtetes Gießwasser und sondern Sie befallene Pflanzen von den gesunden ab.

68

Spinnenmilben sind schwer zu erkennen. Besprüht man jedoch die befallenen Pflanzen mit Wasser, zeigt sich auf den Blättern ein feines Gespinst weißer Fäden.

Bekämpfung *Mechanisch:* Reinigen Sie die Blätter der kranken Pflanze mit einer milden Seifenlauge. Wiederholen Sie diese Prozedur in kurzen Abständen. Anfangsbefall kann so wirkungsvoll gestoppt werden, bei starkem Befall wirkt die Behandlung unterstützend.
Natürlich: Bei einem leichtem Milbenbefall können Sie sehr gut Raubmilben (Seite 87) einsetzen, die in Gartenzentren erhältlich sind.
Chemisch: Bei stärkerem Befall empfiehlt sich folgende Behandlung: Neudosan® oder Neudosan AF® 2%ig in Wasser lösen und die Pflanzen dreimal im Abstand von 5 bis 7 Tagen damit besprühen.

Trauermücke *(Lycoriidae)*

Trauermücken entwickeln sich in einem feuchtwarmen Klima. Durch Wurzelfraß sind sie vor allem für junge Pflanzen schädlich

Aussehen 2 bis 4 mm lang; drei Beinpaare; schwarze Färbung; kurze Fühler. Die glasig-weißen Larven der Trauermücke haben eine deutliche schwarze Kopfkapsel.

Vorkommen Weltweit verbreitete Familie mit über 500 Unterarten. Trauermücken können in Gewächshäusern zur Plage werden. Sie fühlen sich in Feuchtbiotopen, Gartenteichen, feuchter, humusreicher Erde wohl. Trauermücken ernähren sich von abgestorbenen Pflanzenteilen.

Übermäßig gegossene Topf-pflanzen sind eine ideale Brutstätte für die Trauer-mücke.

Befall Übermäßig gegossene Topfpflanzen sind sogar innerhalb des Hauses eine geeignete Brutstätte für die Larven der Trauermücke.

Schäden Der eigentliche Schädling ist die Larve der Trauermücke, nicht das Insekt selbst. In kleinen Mengen sind die Larven nützliche Verzehrer organischer Stoffe. Treten sie in großen Mengen auf, kann es zu regelrechten Massenwanderungen kommen. Die befallenen Pflanzen werden durch Wurzelfraß nachhaltig geschädigt. Ausgewachsene Pflanzen werden selten befallen, gefährdet sind vor allem Stecklinge und Jungpflanzen, die ihre Wurzeln erst entwickeln.

Vorbeugung Regelmäßig abgestorbene Teile von den Pflanzen abzupfen, um keine weiteren Trauermücken anzuziehen. Um den Larven auf Dauer die Lebensgrundlage zu entziehen, hilft nur, die Gießwassermenge zu reduzieren und die Pflanze »trockenzulegen«.

Bekämpfung *Mechanisch:* Gelbsticker in der Nähe der Pflanzen aufhängen und regelmäßig wechseln (siehe vordere Umschlaginnenseite). *Biologisch:* Parasitäre Nematoden im Gartencenter besorgen, die dem Gießwasser beigegeben werden und die Tiere vernichten (Seite 87).

69

Abgestorbene Pflanzenteile sollten regelmäßig entfernt werden. So fördern Sie das Pflanzenwachstum und halten ungebetene Gäste wie die wurzelfressende Trauermücke fern.

Wespe *(Vespula germanica)*

Wespenstiche sind nicht nur schmerzhaft, *sondern für Allergiker sogar gefährlich*, weil sie lebensbedrohliche Allergien auslösen können.

Wespen sind wertvolle Helfer für die Erhaltung des biologischen Gleichgewichts im Garten.

70

Wespenstichallergiker sollten im Sommer immer ein Notfallmedikament bei sich haben. Lassen Sie sich von Ihrem Hausarzt beraten.

Aussehen 12 bis 16 mm lang; schwarzgelb gestreiftes Hinterteil. Brust und Hinterteil sind durch ein auffällig schmales Taillenstück miteinander verbunden.

Vorkommen Wespen sind staatenbildende Insekten, die im Frühjahr mit dem Nestbau beginnen. Die Nester haben eine papierähnliche Konsistenz und werden in Büschen und Bäumen, aber auch auf Dachböden, in Rollladenkästen und in anderen dunklen Hohlräumen angelegt.

Befall Für die Aufzucht ihrer Brut benötigen die Tiere eiweißhaltige Nahrung. Die erwachsenen Insekten ernähren sich von süßen Früchten. Nisten sie in der Nähe von Häusern, werden sie von dem Geruch offen stehender Lebensmittel angezogen und holen sich dort ihre Nahrung. Wespen reagieren aggressiv auf Störungen in der Nähe ihres Nestes. Starke, anhaltende Erschütterungen und das Verstellen des Einflugloches zum Nest machen die Tiere besonders angriffslustig.

Schäden Wespen sind eigentlich Nützlinge, die zahlreiche Insekten fangen, um sie an ihre Brut zu verfüttern. Ein einziger Wespenstaat braucht bis zu 2 Kilo Insekten am Tag für seine Larven. Gefährlich sind jedoch ihre schmerzhaften Stiche, die allergische Schocks auslösen können. Da die Wespen sich in aller Regel auf Nahrungsmitteln oder in Getränken niederlassen, besteht immer das Risiko, versehentlich eine Wespe zu verschlucken. Stiche in Hals und Rachen sind lebensgefährlich und müssen sofort von einem Arzt behandelt werden (als erste Notfallmaßnahme sofort Eiswürfel lutschen).
Stiche an unbedenklichen Körperstellen verlaufen weniger schmerzhaft, wenn sie sofort mit einer frisch aufgeschnittenen Knoblauchzehe oder Zwiebel eingerieben werden.

Vorbeugung Wirklich lästig werden die Wespen bekanntlich im Herbst, wenn der erste Pflaumenkuchen auf den Tisch kommt. Das hängt damit zusammen, dass die Arbeiterinnen, die den ganzen Sommer über mit der Aufzucht der Brut beschäftigt sind, im Herbst vermehrt ausfliegen. Sie können ihren Zuckerbedarf nicht mehr mit den süßen Ausscheidungen der Larven decken und werden deshalb von allen süßen Gerüchen magnetisch angezogen. Deshalb folgende Tipps:

> **Wespen mit einfachen Mitteln fernhalten!**
> Lassen Sie im Sommer keine Nahrungsmittel offen herumstehen. Mit Hilfe von Fangflaschen (Seite 88), die mit Obstsaft oder Spülmittelwasser gefüllt sind, lassen sich Wespen vom Esstisch fernhalten. Kochen Sie niemals bei geöffnetem Fenster. Ein altbewährtes Hausmittel zum Fernhalten von Wespen ist das Erwärmen von Essigwasser in einem Topf. Der Geruch von gedünsteten Zwiebeln wirkt ebenfalls abschreckend auf Wespen. Sollten Sie Allergiker sein, sichern Sie im Sommer Ihre Fenster mit Fliegengittern und tragen Sie immer ein Notfallmedikament bei sich, zu dem Sie Ihr Arzt oder Apotheker fachkundig beraten kann.

Das Verschlucken von Wespen ist besonders für Kinder eine große Gefahr, da sie oft keinen Blick auf die Nahrung werfen, die sie zu sich nehmen. Vergessen Sie nicht, dass Sie Ihren Kindern am besten mit Ihrem Vorbild helfen: Hastig oder im Gehen verschlungenes Essen ist ohnehin ungesund. Sorgen Sie dafür, dass die Wespen keinerlei Nistmöglichkeit an Ihrem Haus haben. Dichten Sie alle Rollladenkästen ab und bessern Sie Hohlräume in brüchigem Mauerwerk aus.

Bekämpfung Wespen stechen nur dann, wenn sie eingeklemmt oder verschluckt werden. Zu aggressivem Verhalten führt außerdem die Bedrohung ihres Nests. Versuchen Sie deshalb niemals, ein Wespennest eigenhändig zu entfernen. Für die fachgerechte Beseitigung von Wespennestern ist entweder die lokale Feuerwehr oder aber der örtliche Wespenberater verantwortlich. Auskünfte gibt Ihnen die Gemeindeverwaltung.

71
Geben Sie Ihren Kindern im Sommer immer einen Strohhalm ins Getränk. Damit ist die Gefahr, versehentlich eine Wespe zu verschlucken, gebannt.

72
Laufen Sie während der Insektenflugzeit möglichst nicht barfuß in Blumenwiesen oder auf dem ungemähten Rasen, um Wespenstiche in die besonders empfindliche Fußsohle und den Zehenbereich zu vermeiden.

Weiße Fliege *(Trialeurodes vaporariorum)*

Besonders im feuchtwarmen Klima von Gewächshäusern vermehrt sich die für Pflanzen schädliche *Weiße Fliege äußerst schnell.*

Weiße Fliegen können vor allem in Gewächshäusern zu einer Plage werden.

Aussehen Bis zu 1,5 mm groß mit länglichen, weiß bepuderten Flügeln. Die Tiere sehen aus wie kleine Motten. Die Larven haben eine weiße bis gelblich-grüne Färbung.

Vorkommen Vor allem in Gewächshäusern und an Blumenfenstern auf den Blattunterseiten der Pflanzen. Im Freien findet man die Weiße Fliege nur in heißen Sommern. Wenn man die Tiere stört, indem man die Blätter umdreht, fliegen sie in kleinen weißen Wolken auf.

Befall Die Weiße Fliege und ihre Larven ernähren sich von den zuckerhaltigen Pflanzensäften. Die Eier werden an der Blattunterseite der Pflanze abgelegt. Gefährdet sind ganz besonders Zitruskulturen.

Schäden Bei starkem Befall vergilben die Blätter, vertrocknen und fallen ab. Die Fliegen können nur einen kleinen Prozentsatz der aufgenommenen Pflanzensäfte verdauen. Der unverdauliche Rest der Nahrung wird wieder abgegeben. Die Absonderungen der Larven sammeln sich als klebrige Masse auf den Blättern. Auf diesem sogenannten Honigtau siedeln später Rußpilze, die die Blätter mit ihrem schwarzen Myzel überziehen und den Stoffwechsel der Pflanze stark vermindern. Bei einem Wirtswechsel können zudem Pflanzenkrankheiten übertragen werden.

Bekämpfung *Biologisch:* Schlupfwespen (Seite 87), die in Gartenzentren erhältlich sind, legen ihre Eier in den Larven der Weißen Fliege ab und fressen diese von innen her auf.
Mechanisch: Gelbsticker halten nicht nur die Weiße Fliege von Ihren Blumen fern. Auch Trauermücken (Seite 67) oder Fransenflügler (Seite 62) werden auf diese Weise wirkungsvoll bekämpft.

73

Gelbsticker über dem Blumenfenster halten nicht nur die Weiße Fliege von Ihren Blumen fern, sondern eine Menge anderer Ungezieferarten.

Wolllaus *(Pseudococcidae)*

Wie bei allen Schildlausarten braucht man sehr viel Geduld bei der Bekämpfung dieser *für Pflanzen schädlichen* *Insektenart.*

Aussehen 2 bis 4 mm groß; ovale Form; mit einem weißen, watteartigen Flaum umhüllt. Die Tiere sind eng verwandt mit der Schildlaus (Seite 65), besitzen jedoch nicht deren Rückenschild. Die Wollläuse werden äußerlich von ihren weißen Wachsausscheidungen geschützt.

Befall Die Wollläuse saugen sich an Blattunterseiten und in den Blattachseln der Pflanzen fest. In wattebauschartigen Nestern in den Astachseln erfolgt die Eiablage.

Die ovalen Wollläuse sind durch ihren weißen Wachspanzer gut geschützt.

Schäden Durch das Saugen kommt es zu Vergilbungen und Wachstumsstörungen der befallenen Pflanze. Die Wolllaus kann nur einen kleinen Prozentsatz der aufgenommenen Pflanzensäfte verdauen, der unverdauliche Rest der Nahrung wird wieder abgegeben. Einzelne Pflanzenteile sind infolge der Ausscheidungen von Honigtau klebrig und werden anfällig für Pilzbefall.

Vorbeugung Regelmäßig Flüssigdünger ins Gießwasser geben, um das Immunsystem der Pflanzen zu stärken. Kranke Pflanzen isolieren, um eine Verschleppung der Läuse zu vermeiden.

74

Stärken Sie das Immunsystem Ihrer Pflanzen, indem Sie dem Gießwasser regelmäßig Flüssigdünger beigeben. Isolieren Sie kranke Pflanzen von gesunden.

Bekämpfung *Mechanisch:* Reinigen Sie die Pflanze mit einer Seifenlauge und wiederholen Sie die Prozedur regelmäßig. Diese Behandlung wirkt bei schwerem Befall allerdings nur unterstützend.
Biologisch: In Gartenzentren gibt es Australische Marienkäfer, die jedoch nur bei einem leichtem Befall wirksam sind und zudem eine Mindesttemperatur von 20 °C benötigen.
Chemisch: Promanal F oder AF® 2%ig in Wasser lösen und die Schädlinge damit besprühen. Die Behandlung nach einigen Tagen wiederholen, da die Wollläuse durch ihren Wachspanzer sehr resistent sind.

Zecken *(Ixodes ricinus)*

Zecken sind als Überträger von Hirnhautentzündung und Borreliose sehr gefährlich. *Ihr Biss kann allergische Reaktionen hervorrufen.*

Vollgesogen kann ein 2,5 mm langes Zeckenweibchen bis zu 10 mm groß werden.

Aussehen 2,5 bis 4,5 mm groß, vollgesogen etwa bis zu 10 mm lang; bräunlich-schwarzer, abgeplatteter Panzer.

Vorkommen Überwiegend in der Bodenvegetation, in Feuchtgebieten und im Mischwald. Die Zecken sitzen auf Gräsern und Sträuchern und werden von dort abgestreift, wenn Tiere oder Menschen vorübergehen. Sie lassen sich aber entgegen der landläufigen Meinung nicht von Bäumen aus auf ihre Wirte herunterfallen.

Befall Zecken sind Blutsauger. Sie beißen sich an ihrem Wirt fest und fallen erst ab, wenn sie vollgesogen und satt sind.

Schäden Der Zeckenbiss ist Überträger zweier für den Menschen gefährlichen Krankheiten: der Zeckenborreliose (Lyme-Borreliose) und der Früh-Sommer-Meningo-Enzephalitis (FSME), eine durch Viren ausgelöste Hirnhautentzündung. Die Gebiete, in denen ein FSME infizierender Biss zu fürchten ist, sind allerdings begrenzt. Lassen Sie sich von Ihrem Gesundheitsamt eine entsprechende Karte zusenden.

Vorbeugung Wenn Sie sich in einem Zeckengebiet aufhalten, sollten Sie im Freien immer lange Hosen und knöchelhohes Schuhwerk tragen, da die Tiere sich in Bodennähe befinden. Sie können auch Ihre Hosenbeine in die Socken stopfen. Pullover und langärmelige Hemden sind im Sommer natürlich unangenehm. Schützen Sie unbedeckte Hautoberflächen stattdessen durch Einreiben mit ätherischen Ölen, die im Mischungsverhältnis 1:4 mit neutralem Öl (Sonnenblumen- oder Jojobaöl) verdünnt werden. Zeder, Nelke, Zitrone, Lavendel, Geranie und Pfefferminze eignen sich besonders gut als Abwehrmittel (Seite 85).

78

Lassen Sie Ihren Garten, insbesondere wenn Sie Kinder haben und in FSME-gefährdeten Gebieten leben, nicht verwildern. Unterholz und hohes Gras sind die ideale Kinderstube für Zecken.

Ätherische Öle schützen laut einigen Tests ebenso gut vor Mücken oder Zecken wie chemische Abwehrmittel (etwa Autan®), müssen aber alle 3 Stunden erneuert werden. Wegen einer möglichen Allergiegefahr sollten Babys und Kleinkinder allerdings weder direkt mit Repellents noch mit ätherischen Ölen eingerieben werden. Tropfen Sie das Öl stattdessen auf die Kleider der Kinder. Auch Tiere können so vor Zeckenbissen geschützt werden: Reiben Sie ihnen den Nacken und das Bauchfell mit ätherischem Öl ein. Nach einem langen Aufenthalt im Freien ist es ratsam, den Körper nach Zecken abzusuchen. Am besten die Kleider ausziehen, ausschütteln und unter die Dusche gehen! Lassen Sie sich darüber hinaus von Ihrem Hausarzt eingehend beraten, ob eine Schutzimpfung gegen FSME sinnvoll ist. Denken Sie auch daran, dass die Schutzimpfung erst einige Zeit braucht, um zu wirken.

Verhalten bei einem Zeckenbiss Am besten suchen Sie sofort einen Arzt auf! Ansonsten: Je schneller eine festsitzende Zecke entfernt wird, desto besser: Mit der Pinzette oder den Fingernägeln möglichst dicht an der Haut den Kopf der Zecke fassen und diesen durch Drehbewegungen entfernen. Die Bissstelle anschließend desinfizieren. Bitte nicht das »Hausmittel« anwenden, die Zecke mit Öl zu »ersticken«: Sie wird lediglich dazu animiert, infizierten Speichel ins Blut abzugeben. Das gleiche gilt für Mittel wie Alkohol, Klebstoff oder Nagellackentferner. Wenn Hautrötungen um die Einstichstelle nicht nach wenigen Tagen verschwinden, sollten Sie umgehend zum Arzt gehen. Die Folgen eines Zeckenstichs können sich auch erst nach Wochen richtig bemerkbar machen, und Hautrötungen tauchen nicht zwingend als Infektionssymptome auf. In zeckengefährdeten Gebieten sollte jeder Biss Anlass geben, einen Arzt aufzusuchen.

Charakteristische Merkmale einer erfolgten Infektion sind: Grippeähnliche Erkrankungen nach 2 bis 28 Tagen, hohes Fieber, Kopf-, Nacken- und Kreuzschmerzen, Übelkeit mit Erbrechen, Gelenkentzündungen, Lähmungen und Kreislaufbeschwerden. In manchen Fällen tritt eine Einschränkung des Sehvermögens auf. Das sorgfältige Entfernen einer Zecke schränkt das Infektionsrisiko jedoch stark ein.

76
In Apotheken erhältliche Zeckenzangen sind nicht so gut wie ihr Ruf: Die Tiere werden fast immer geteilt und infizieren so die Wunde.

77
Die Haut von Babys und Kleinkindern niemals direkt mit Insektenabwehrmitteln (Repellents) einreiben. Träufeln Sie das Öl stattdessen besser auf die Kleidung der Kinder.

Nützlinge erkennen

Nicht alle Insekten, die sich in Ihr Haus verirren, sind Schädlinge. Um Unsicherheiten bei der Bestimmung Ihrer »Besucher« vorzubeugen, stellen wir Ihnen in diesem Kapitel einige Insektenarten vor, die häufig vorkommen, aber keine Bedrohung für Mensch und Tier darstellen. Im Gegenteil: Viele von ihnen sind Insektenfresser und helfen Ihnen auf natürliche Art und Weise, Haus und Garten ungezieferfrei zu halten und das ökologische Gleichgewicht Ihres Gartens zu bewahren.

Echte Spinne *(Araneae)*

Obwohl Spinnen nützlich *sind, lösen sie bei den meisten Menschen Ekel- oder sogar Angstgefühle, auch Arachnophobie genannt, aus.*

Aussehen In der Größe stark variierend; die Spannweite der vier Beinpaare kann bis zu 8 cm betragen. Alle Sinnesorgane der Spinne befinden sich an den Beinen.

Vorkommen Im Garten und in Gebäuden. Die meisten Spinnenarten bauen Netze in Winkeln und Ecken.

Schäden Spinnen rufen ein Ekel- oder Angstgefühl hervor. Die einheimischen Arten sind aber ungefährlich.

Früher galten Kreuzspinnen als Glücksbringer im Haus.

Entfernung Vergessen Sie bei der Jagd auf Spinnen nicht, dass diese Tiere selbst begabte Ungezieferjäger sind und für das ökologische Gleichgewicht in Ihrem Garten sorgen. Die beste Methode zur Beseitigung einer Spinne ist, ein Glas über sie zu stülpen und anschließend ein stabiles Papier vorsichtig in den Spalt zwischen Glas und Wand oder Boden zu schieben. Die Spinne lässt sich dann problemlos ohne direkte Berührung ins Freie tragen und dort aussetzen. Manche Menschen erleiden beim Anblick von Spinnen allerdings regelrechte Panikattacken in der Fachsprache »Arachnophobie« genannt. Dies hat mit normalen Ekelgefühlen nichts mehr zu tun und sollte in einer Verhaltenstherapie von einem Psychologen behandelt werden.

Wilde Jagdszenen mit Besen oder Zeitung erhöhen in der Regel das Ekelgefühl, da Spinnen erstaunlich flink und zudem ungeheuer zäh sind: Eine angeschlagene dreibeinige Spinne, die sich unter einen Schrank verkriecht, ist nicht gerade ein angenehmer Anblick! Sollten Sie also nicht imstande sein, eine Spinne selbst mit dem Glas zu fangen, bitten Sie eine weniger empfindliche Person, dies für Sie zu erledigen. Im Handel sind übrigens sogenannte Spinnenfallen erhältlich. Sie haben einen langen Stiel, funktionieren ebenso nach dem »Spinne-im-Glas-Prinzip« und sind sehr praktisch.

78
Ergreifen Sie nicht bei allen Insekten sofort Abwehrmaßnahmen, sondern versuchen Sie zunächst, den »Gast« zu identifizieren.

79
Katzen sind häufig begeisterte Spinnenfänger! Befördern Sie die Spinne auf den Boden und machen Sie Ihre Katze auf die interessante Jagdbeute aufmerksam.

Florfliege *(Chrysoperia carnea)*

*Diese zarten, *nützlichen* Insekten sollten allen Rosengärtnern willkommen sein, da ihre Larven vorzügliche Blattlausvertilger sind.*

Die schillernde Florfliege ist ein Nützling und deshalb auch ein willkommener Gast in jedem Garten.

Aussehen Bis zu 10 mm lang, mit Flügeln bis zu 30 mm. Die geschlechtsreifen Tiere sind hellgrün mit bläulich schimmernder Netzäderung auf den Flügeln. Die Fühler sind auffällig lang, die großen Facettenaugen schimmern metallisch. Die häufigste in Mitteleuropa vorkommende Florfliegenart ist das so genannte Goldauge.

Vorkommen Die Florfliege ernährt sich von Pollen, Nektar und Honigtau. Ihre Larven fressen Blattläuse.

Entfernung Florfliegen verirren sich nur sehr selten in Wohnungen. Am besten scheuchen Sie sie ganz einfach zurück ins Freie.

Hundert- und Tausendfüßler *(Chilopoda)*

*Sie sind *nützliche* Helfer bei der Zersetzung von organischen Abfällen. Die Bisse der einheimischen Arten sind harmlos.*

80

Ein trockener, gerümpelfreier Keller ist für die außerordentlich schnellen Hundertfüßler und viele andere Insektenarten, die eine feuchte Umgebung brauchen, ein uninteressanter Wohnort.

Aussehen Die gelblichen bis dunkelbraunen Hundert- und Tausendfüßler sind schmal und länglich. Tausendfüßler haben pro Körpersegment zwei Beinpaare, Hundertfüßler nur ein Paar. Das Besondere dieser Tiere sind die schnellen Bewegungen ihrer Beine.

Vorkommen Hundert- und Tausendfüßler leben in Komposthaufen, unter Steinen oder in anderen dunklen, feuchten Verstecken. Sie sind räuberische Tiere, die sich von Ungeziefer ernähren.

Entfernung Mit Hilfe eines feuchten Lappens können Sie die Tiere über Nacht anlocken und morgens ins Freie befördern.

Kellerassel *(Porcellio scaber)*

Diese schiefergrauen Panzertierchen sind nützlich und weltweit verbreitet. Die Kellerassel mag es besonders dunkel und feucht.

Aussehen Etwa 10 bis 17 mm lang; oval, mit gräulichem bis schwarzbraunem Hornpanzer; kein gegliederter Kopf; Unterseite hell. Pro Körpersegment ein Beinpaar.

Vorkommen Im Freien findet man Asseln oft unter Steinen oder in anderen dunklen, feuchten Verstecken. Wenn es draußen extrem trocken ist, dringen sie manchmal in kühle Kellerräume ein. In Komposthaufen sind sie sehr nützlich, da sie den Zerfall von Bioabfällen beschleunigen.

Entfernung Mit Hilfe eines feuchten Lappens lassen sich Kellerasseln über Nacht anlocken und anschließend ins Freie befördern.

Bei den Kellerasseln und den Mauerasseln handelt es sich um landlebende Krebse, die durch Kiemenanhänge atmen.

Kurzflügeldeckenkäfer *(Staphylinidae)*

Kurzflügeldeckenkäfer sind nützlich und eine besonders artenreiche Käferfamilie. Weltweit sind inzwischen etwa 30 000 Arten bekannt.

Aussehen Die Laufkäferart des Kurzflüglers ist schwarz, hat Flügeldecken, die den ganzen Hinterleib bedecken, und kann nicht fliegen.

Vorkommen Kurzflügeldeckenkäfer sind Raubinsekten, und fressen im Garten oder Gewächshaus zahlreiche Schädlinge.

Entfernung Kurzflügler verirren sich nur selten in Wohnungen. Finden Sie doch einmal einen, befördern Sie ihn einfach ins Freie. Größere Exemplare sollten Sie nicht mit bloßen Händen fangen. Ihr Biss ist zwar nicht gefährlich, kann aber schmerzhaft sein. Die kleineren Tiere können dagegen nicht beißen.

84

Auffällig große Kurzflügeldeckenkäfer sollten Sie nicht mit bloßen Händen fangen, weil sie empfindlich zubeißen können.

Marienkäfer *(Coccinellidae)*

Im Volksmund wird der nützliche Marienkäfer auch »Herrgotts-käfer« genannt. Er ist mit rund 4000 Arten weltweit verbreitet.

Der Marienkäfer gilt als Glückskäfer, der außerdem auch Blattläuse auf Ihren Pflanzen vertilgt.

Aussehen Rot mit schwarzen Punkten. Die zweipunktigen Marienkäfer sind nicht, wie landläufig vermutet wird, die »Kinder« der etwas größeren sechspunktigen Käfer, sondern eine andere Unterart.

Vorkommen Marienkäfer leben im Freien. Ihre Larven sind nützlich, denn sie ernähren sich von Blattläusen.

Nutzen Marienkäfer sind ein ausgezeichnetes biologisches »Bekämpfungsmittel«: Mit Zuckerwasser sowie einem durchsichtigen Behälter mit Luftzufuhr und läusebefallenen Brennnesseln können Sie wenige Marienkäfer schnell vermehren und anschließend an blattlausgeplagten Rosenstöcken aussetzen.

Weberknecht *(Opiliones)*

Die nützlichen Weberknechte werden auch »Schusterjungen« genannt und können einen Durchmesser von bis zu 8 cm erreichen.

Aussehen Eiförmiger Körper; vier vielgliedrige, lange Beinpaare.

Vorkommen Die nachtaktiven Weberknechte leben normalerweise im Freien und verirren sich nur manchmal in Wohnungen. Sie ernähren sich von pflanzlichen und tierischen Nahrungsresten.

Entfernen Diese Tiere sind nicht besonders schnell. Am besten lassen Sie sie in eine Tüte oder auf ein Tuch krabbeln und befördern sie damit ins Freie. Fangen Sie Weberknechte möglichst nicht mit der Hand, da die Tiere bei einengenden Berührungen die Beine abwerfen.

82

Marienkäfer sind von alters her als natürliches Blattlausmittel bekannt. Sie können die Tiere mit Hilfe von Zuckerwasser und Brennnesseln ganz leicht selber züchten!

Ohrwurm *(Forficula auricularia)*

Ohrwürmer sind nützliche Helfer bei der Zersetzung von organischen Abfällen und bei der Bekämpfung lästiger Blattläuse.

Aussehen 10 bis 14 mm; dunkelbraun; schmal; große Zangen am Hinterleib zur Fortpflanzung und zur Abwehr von Artgenossen. Ausgewachsene Tiere sind gute Flieger.

Vorkommen Ohrwürmer leben im Freiland, gelegentlich auch in Kellern und ernähren sich von tierischen und pflanzlichen Substanzen. Sie vertilgen mit ihren kauenden Mundwerkzeugen unter anderem schädliche Blattläuse und zersetzen wie Regenwürmer biologischen Abfall.

Seinen Namen hat der Ohrwurm wegen des grassierenden Aberglaubens, dass die Tiere in das Ohr eines schlafenden Menschen eindringen.

Entfernen Trotz ihres gefährlichen Aussehens stechen oder beißen Ohrwürmer nicht. Sie lassen sich ganz leicht mit dem Handfeger aufnehmen und anschließend wieder ins Freie befördern.

Raubwanze *(Reduvius personatus)*

Der eigentliche Lebensraum der nützlichen Raubwanze ist der Garten. Nur durch Zufall verirrt sie sich manchmal auch ins Haus.

Aussehen Etwa 16 mm lang; braun, behaart, mit langen, geknickten Antennen. Die Larven sondern einen klebrigen Saft auf der Körperoberfläche ab und tarnen sich aktiv mit Staub- und Kotteilchen.

Vorkommen Die Raubwanzen leben ausschließlich im Freien.

Entfernen Raubwanzen verirren sich nur selten in Wohnungen. Einzelne Wanzen können gefangen und nach draußen befördert werden. Fangen Sie Raubwanzen nicht mit bloßen Händen, denn besonders größere Exemplare können schmerzhaft zubeißen.

83

Entlassen Sie gefangene Ohrwürmer auf Ihren Komposthaufen, denn sie beschleunigen die Zersetzung der Abfälle. Darüber hinaus befreien sie Ihre Pflanzen von Blattläusen.

*Die Larven des Totenuhr-
käfers, die Holzwürmer,
hinterlassen nicht nur in
wertvollen Möbeln massive
Schäden, sondern auch an der
Bausubstanz eines Hauses.*

Vorbeugende Maßnahmen

Wenn man sich ein wenig mit den Lebensgewohnheiten der einheimischen Ungezieferarten beschäftigt, entdeckt man schnell, dass ein relativ kleiner Katalog von Maßnahmen ausreicht, um einen Ungezieferbefall wirkungsvoll und dauerhaft zu vermeiden.

Sofern Sie bisher noch keinen Kontakt mit Ungeziefer hatten, sollte dies möglichst auch in Zukunft so bleiben. Im Folgenden finden Sie deshalb eine Reihe von nützlichen Tipps, die bei der Vorbeugung gegen Ungeziefer hilfreich sind, denn Vorbeugen ist auf jeden Fall einfacher und preiswerter als eine aufwendige Schädlingsbekämpfung.

Moderne Neubauten sind in der Regel so konzipiert, dass sie wenig Lebensraum für Schädlinge bieten. Wenn Sie jedoch in einem »ungezieferanfälligen« Altbau oder in einem Haus auf dem Land wohnen, sollten Sie die folgenden Ratschläge beherzigen.

84

Sorgen Sie dafür, dass ungebetene Gäste keine Einschlupfmöglichkeiten in Ihr Haus finden. Schwachstellen sind vor allem Keller und Dachboden.

Die Bausubstanz überprüfen

Überprüfen Sie hin und wieder die Bausubstanz Ihres Kellers und Dachbodens. Löchrige Dachböden und brüchiges Kellergemäuer mit schlecht abgedichteten Lichtschächten sind das Hauptzuzugsgebiet von unzähligen, nicht immer leicht zu beseitigenden Ungezieferarten. Dazu gehören – um nur einige zu nennen – Ratten, Mäuse, Taubenzecken, Ameisen, Holzböcke oder Modermilben. Deshalb:

▶ Dichten Sie in Ihrem Keller alle Stellen ab, durch die Ungeziefer von außen eindringen könnte. Achten Sie dabei besonders auf Lichtschächte und Kellerfenster und -türen.

▶ In alten Häusern ist die Isolierung der Kellerfenster und -türen oft so brüchig, dass das Ungeziefer geradezu zum »Einzug« aufgefordert wird! Undichte Fenster- und Türstöcke sollten deshalb ausgewechselt oder an den Fehlstellen isoliert werden. So haben Ameisen oder Taubenzecken keine Chance, sich bei Ihnen einzunisten.

▶ Chronisch feuchte Keller sollten von einem Fachmann trockengelegt werden. So beugen Sie nicht nur Ungeziefer vor, sondern erhalten auch die Bausubstanz Ihres Hauses.

▶ Dachböden müssen zumindest so abgedichtet werden, dass Tauben und andere Vögel dort keinen Unterschlupf finden können. Auch Mäuse können sich zu waghalsigen Kletterern entwickeln und so auf einen ungesicherten Dachboden gelangen.

▶ Vergessen Sie nicht, die Holzkonstruktion Ihres Dachstuhls auf einen Befall durch Holzwürmer zu untersuchen. Ein solcher Befall beginnt in der Regel an der Südseite des Dachs.

Diese Maßnahmen sollten auf jeden Fall dann durchgeführt werden, wenn Dachboden und Keller als Lagerraum für Möbel, Kleider oder Lebensmittel genutzt werden.

85

Tauben und andere Vögel sollten nach Möglichkeit am Nestbau im und am Haus gehindert werden. Dabei helfen Netze vor den Fenstern und Maschendraht in den Dachrinnen.

Die Wohnräume überprüfen

Als Faustregel gilt, dass alle dunklen und/oder feuchten Ecken, Ritzen oder Spalten, die normalerweise selten von einem Putzlappen »bedroht« werden, potentielle Ungezieferherde sind. Dazu zählen etwa Schrankrückseiten, Fußbodenleisten, Boiler, undichte Abflussrohre, lose Fliesen oder alte Dielenfußböden. So schaffen Sie Abhilfe:

▶ Beseitigen Sie den Schmutz in Fugen und Ritzen, um so dem Ungeziefer die Nahrungsgrundlage zu entziehen.

▶ Fußbodenleisten sollten luftdicht an die Wand anschließen. Bessern Sie deshalb zumindest die gröbsten Fehlstellen aus.

▶ Versiegeln Sie rohe Holzfußböden, denn unbehandelt sind sie vor allem für Flöhe und Milben ein willkommener Tummelplatz. Dichten Sie dabei alle Fugen und Ritzen ab, in denen sich Ungeziefer ungestört vermehren könnte.

▶ Sorgen Sie dafür, dass in Ihren Wohnräumen stets ein ausgeglichenes Raumklima herrscht. Regelmäßiges Lüften hilft, die Luftfeuchtigkeit niedrig zu halten und so einiges Ungeziefer abzuwehren.

86

Führen Sie vorbeugende Maßnahmen in jedem Fall dann durch, wenn Sie Keller und Dachboden als Lagerraum nutzen wollen.

Den Müll richtig entsorgen

87

Lose herumliegende Abfälle und unsachgemäß angelegte Komposthaufen sind weitere beliebte Anziehungspunkte für viele Ungezieferarten wie auch für Ratten und Mäuse. Um dem vorzubeugen sollten Sie folgende Maßnahmen in jedem Fall in die Tat umzusetzen:

▶ Müll gehört sowohl innerhalb als auch außerhalb des Hauses in verschließbare Behälter. Reinigen Sie von Zeit zu Zeit den Mülleimer auch von innen. Im Sommer ist dies mit Hilfe eines Gartenschlauchs ohne großen Aufwand möglich.

▶ Komposthaufen dürfen nicht in der Nähe des Hauses angelegt werden. Sie sollten mit einem Drahtgitter, das etwa 20 cm tief im Boden versenkt um den Komposthaufen angebracht wird, ratten- und mäusesicher gemacht werden.

▶ Küchenabfälle gehören auf keinen Fall in die Toilette! Ratten sind gute Schwimmer und Kletterer. Durch die Abfälle angezogen, können sie durch die Abwasserrohre sogar bis hinauf in Ihre Wohnung gelangen. Auch die Abwässerkanäle werden durch Essensreste zu wahren Rattenparadiesen, wo sich die Tiere rasch vermehren.

Müllentsorgung auf natürliche Art: Regenwürmer im hauseigenen Kompost.

Die Vorratshaltung kontrollieren

Damit lose aufbewahrte Nahrungsmittel nicht vorzeitig durch Ungeziefer verderben und weggeworfen werden müssen, sind ebenfalls einige vorbeugende Maßnahmen notwendig:

▶ Lebensmittel sollten Sie grundsätzlich kühl und trocken in geschlossenen Schränken lagern. Vor allem offene Vorräte (Müsli, Nudeln, Reis, Mehl, Zucker und Grieß) müssen stets gut verschlossen in Glas- oder Plastikbehältern aufbewahrt werden.

▶ Legen Sie mit Nelken gespickte Zitronen zwischen Ihre Vorräte.

▶ Kontrollieren Sie regelmäßig Ihre Lebensmittel und vernichten Sie überalterte Bestände, auch wenn sie unverdächtig aussehen.

▶ Lassen Sie vor allem im Sommer keine Nahrungsmittel über einen längeren Zeitraum hinweg offen stehen.

Der »Nahkampf«

Im Sommer können Fliegen, Mücken, Wespen und Bienen zu einem zwar vorübergehenden, aber dennoch sehr lästigen Problem werden.

▶ Wirksamster Schutz vor fliegenden Insekten sind Fliegengitter vor den Fenstern. Zu empfehlen ist diese recht aufwendige Maßnahme vor allem bei Wespen- bzw. Bienenstichallergikern, wenn Sie kleine Kinder haben oder wenn Sie in der Nähe eines Gewässers leben. Nur so können Sie laue Sommerabende ohne Furcht vor Mücken oder Wespen bei offenem Fenster genießen!

▶ Weniger aufwendige Lösungen für den Sommer sind Moskitonetze über den Betten, Fliegenfallen (Seite 88), die Sie in den gefährdeten Räumen aufstellen können, das Aufhängen von Gelbstickern oder die Anwendung von ätherischen Ölen (Seite 85).

▶ Um fliegende Insekten fernzuhalten, sollten Sie außerdem möglichst nur bei geschlossenen Fenstern kochen.

▶ Lassen Sie auch keine Fenster offen stehen, wenn es draußen dunkel ist und im Zimmer Licht brennt, da alle Insekten vom Licht magisch angezogen werden. Mückenplagen sind Ihnen sonst sicher!

88

Nach Reisen in fremde Länder sollten Sie Ihre Kleidung erst einmal im Freien ausschütteln und waschen. So können Sie »illegal eingereistem« Ungeziefer vorbeugen.

Bekämpfungsmethoden

In wenigen Fällen von Ungezieferbefall müssen Sie zur chemischen Keule greifen. Mit etwas Geduld und Ausdauer lassen sich die meisten Schädlinge problemlos auch mit natürlichen Mitteln vertreiben.

Natürliche Mittel

Einfach und effektiv: Mit einem Fliegengitter vor dem Fenster halten Sie im Sommer ungebetene Gäste fern.

Die meisten Ungezieferarten sind hinsichtlich ihrer Vorlieben und Abneigungen ähnlich veranlagt. So reagiert die Mehrzahl von ihnen empfindlich auf klimatische Extreme wie Hitze und Kälte, und viele Schädlinge lassen sich durch bestimmte Düfte vertreiben. Diese ähnliche Veranlagung der Tiere macht eine natürliche Bekämpfung einfach und hat zudem den Vorteil, dass Sie nicht nur »mehrere Fliegen mit einer Klappe schlagen«, sondern gleichzeitig viele verschiedene Ungezieferarten von Ihrem Haus fernhalten können.

Im Folgenden finden Sie bewährte Mittel zur Schädlingsbekämpfung aus der Hausapotheke. Biologische Methoden, die speziell auf eine bestimmte Ungezieferart zugeschnitten sind, werden in den jeweiligen Abschnitten beschrieben.

89

Übergießen Sie schwer zugängliche Stellen mit kochendem Wasser. In vielen Fällen können Sie auf diese Weise Ungezieferherde wirkungsvoll und dauerhaft ausrotten.

Hitze und Kälte

Temperaturen von unter −10 °C und über 40 °C machen vor allem Vorratsschädlingen und Motten eine weitere Vermehrung unmöglich; bei −18 °C und/oder durch die Hitze eines Föns werden in aller Regel auch die Eier des Ungeziefers abgetötet.

▶ Frieren Sie befallene Lebensmittel oder Textilien für eine Woche ein, oder erhitzen Sie sie – soweit möglich – bei 70 °C im Backofen.

▶ Vorratskammern oder -schränke können Sie wirkungsvoll mit einem Fön oder kochendem Wasser von Ungeziefer befreien.

▶ Eine billige Methode, die gesamte Wohnung bei heftigem Ungezieferbefall (Pharaoameisen!) zu behandeln, können Sie bei starken Minustemperaturen im Winter anwenden. Machen Sie die Wohnung zunächst winterfest, indem Sie das Wasser aus den Leitungen lassen und alle Wärmequellen ausschalten. Vergessen Sie dabei nicht den Boiler, Warmwasserspeicher und Kühlschrank. Öffnen Sie dann alle Schrank- und Zimmertüren und lassen Sie die Wohnung bei weit geöffneten Fenstern mehrere Tage »durchfrieren«.

▶ Bei starken Minustemperaturen können Sie auch von Ungeziefer befallene Kleidung oder Teppiche »desinfizieren«, indem Sie sie auf den Balkon hängen oder im Garten ausbreiten. Auf diese Weise sparen Sie sich etwa die teure chemische Reinigung von Teppichen, in denen sich Motten eingenistet haben.

Ätherische Öle

Eines der einfachsten, angenehmsten und am leichtesten handhabbaren Mittel zum Schutz vor Insekten sind ätherische Öle. Die Duftwolken, die beim Verdunsten der Öle entstehen, wirken wie eine unsichtbare Barriere besonders bei Motten, Käfern, Ameisen, Fliegen, Bienen und Wespen. Allerdings müssen Sie das Öl regelmäßig erneuern, um eine dauerhafte Wirkung zu erzielen.

Zu den ätherischen Ölen, die viele Insekten abschrecken und die auch untereinander je nach persönlichem Geschmack gemischt werden können, gehören vor allem Zitrone, Orange, Pfefferminze, Lavendel, Zeder, Anis, Geranie oder Eukalyptus. Sie sind mittlerweile in den meisten Apotheken und Bioläden erhältlich.

▶ Ätherische Öle verdunsten am besten in einer Duftöllampe. Sie können eine solche Lampe entweder fertig kaufen, oder Sie nehmen ein kleines Schälchen, füllen es mit etwas Wasser, tropfen das Öl darauf und erwärmen das Wasser über einem Teelicht.

▶ Stellen Sie insbesondere im Sommer auch Duftöllampen auf die Fensterbänke. So kommen viele Insekten, abgestoßen durch den Geruch der ätherischen Öle, gar nicht erst ins Haus.

90
Nutzen Sie die extreme Kälte im Winter, um Kleidungsstücke, Teppiche oder gleich den gesamten Wohnbereich von Ungeziefer zu befreien. Damit sparen Sie sich teure Reinigungskosten.

91
In Apotheken und Drogerien erhalten Sie inzwischen eine breite Palette von ätherischen Duftstoffen und gebrauchsfertigen Duftmischungen, die vor bestimmten Ungezieferarten schützen.

92

Eine Duftöllampe sollte in keinem Haushalt fehlen. Sie verbreitet eine angenehme Atmosphäre und wehrt zudem wirkungsvoll Ungeziefer ab.

▶ Besonders bei Kleiderschränken oder Kommoden hat sich die Methode bewährt, die ätherischen Öle auf kleinere oder größere Läppchen zu tropfen und die Läppchen im Schrank oder in der Kommode aufzuhängen. Bedenken Sie jedoch, dass die Gerüche zwar Motten von Ihrem Schrank fernhalten, nicht jedoch in der Lage sind, einen bestehenden Mottenbefall zu beseitigen.

▶ Durch das Verdampfen ätherischer Öle wirken auch mit Gewürznelken gespickte Zitronen, die man zwischen die Essensvorräte in Kammern und Schränken legt. Sie sind ein altes Hausmittel gegen Vorratsmotten aller Art, das aber regelmäßig erneuert werden muss.

▶ Ein weiterer uralter Trick ist, Lorbeerblätter offen in die Getreidevorräte zu stecken. So ist man vor allen möglichen Arten von Getreideschädlingen sicher.

Bäume und Kräuter

▶ Auch eine Reihe anderer Pflanzen geben ätherische Öle ab, die Insekten nicht mögen. Dazu gehören zum Beispiel Tomatenstauden, Basilikum, Rainfarn, Kerbelkraut und Nussbäume. Sollten Sie also in der Nähe eines Gewässers leben und damit zu den besonders insektengeplagten Menschen gehören, ist es eine Überlegung wert, Ihren Garten bereits so anzulegen, dass er als natürliches »Insektenschutzmittel« wirken kann.

93

Legen Sie eine mit Nelken gespickte Zitrone oder einige Lorbeerblätter zwischen Ihre Vorräte. So halten Sie Lebensmittelschädlinge fern.

▶ Legen Sie Ihren Kräutergarten immer in der Nähe von Küchenfenstern oder -türen an. Hier werden zwar die meisten ungebetenen Gäste durch Gerüche angezogen, durch Gerüche können Sie sie aber auch abwehren. Alte Bauerngärten lagen und liegen auch heute noch aus diesem Grund meistens an der Vorderfront des Hauses direkt vor dem Küchenfenster.

▶ Sollten Sie keinen Garten haben, können Sie die Pflanzen in getrockneter Form auf das Fenstersims legen. Auf die gleiche Weise helfen auch Gewürznelken, Kaffesatz, Majoran oder Rosmarin. Diese natürlichen »Ungezieferbarrieren« müssen Sie allerdings regelmäßig erneuern, damit sie wirksam vor Schädlingen schützen.

Altbewährte Methode: Ein gut angelegter Kräutergarten ist eine ökologische Ungezieferbarriere.

▶ Indem Sie Ihren Garten mit kleinen Pflanzinseln aus Pfefferminze, Zitronenmelisse oder Lavendel bestücken, verringern Sie das Ungeziefer. Achten Sie außerdem darauf, dass das Gras kurz gehalten wird und lagern Sie möglichst kein Holz in Ihrem Garten.

▶ Zitronen- und Orangenbäumchen sind zwar schwierig über den Winter zu bringen, sehen aber besonders hübsch aus und leisten im Sommer auf der Terrasse gute Dienste gegen Mücken und Wespen. Das gleiche gilt für die – leider sehr giftige – Engelstrompete.

Parasiten

Die Forschung auf dem Gebiet der Ungezieferbekämpfung durch Parasiten hat sich in den letzten Jahren ständig weiterentwickelt. Sie basiert auf dem Prinzip, dass jede Ungezieferart natürliche Feinde hat, der sie als Lebensgrundlage dient, die selbst aber keinen Schaden an den Pflanzen anrichten. Finden die Parasiten keine Nahrung mehr, gehen sie ebenfalls ein. Sollten Sie Ungeziefer an Ihren Pflanzen haben, fragen Sie in Gartenzentren nach speziellen Parasiten.

94

Ein kleiner Kräutergarten vor Ihrem Küchenfenster oder Kräuter in Töpfen auf dem Fensterbrett schützen vor lästigen Insekten. Vor allem Basilikum, Kerbel und Pfefferminze haben abwehrende Wirkung auf Ungeziefer.

Katzen und Vögel

▶ Eine Katze im Haus ist eine gute Versicherung gegen Ratten und Mäuse. Zudem jagen Katzen auch Spinnen oder Weberknechte und versuchen sich – wenn auch weniger erfolgreich – als Fliegenfänger.

▶ Schaffen Sie in Ihrem Garten ökologische Nischen für Singvögel. Sie vertilgen im Sommer Unmengen von Ungeziefer.

Mechanische Mittel

▶ Fliegengitter und Moskitonetze halten Insekten nach dem einfachen Prinzip fern, dass die Maschen des Gewebes zu eng sind, um den Eindringlingen Durchschlupf zu bieten. Diese Methode empfiehlt sich vor allem bei Allergikern und Kindern oder wenn sich Ihr Haus in Gewässernähe befindet.

▶ Glas- oder Kuppelfallen sind so konstruiert, dass Fliegen oder Motten zwar hinein- aber nicht mehr herausfliegen können. Das Anlocken erfolgt mittels einer süßen Flüssigkeit oder Wasser, das mit etwas Spülmittel vermischt ist. Diese Fallen sind im Handel erhältlich, ersatzweise können Sie auch eine enghalsige Flasche aufstellen.

▶ Spinnenfänger sind besonders für Menschen mit einer Spinnenphobie zu empfehlen. An einem langen Stil ist ein Fangnetz befestigt, das mit einem Plastikdeckel verschlossen werden kann.

▶ Fliegenklatschen als schlagkräftige Methode bei Massenbefall sind dagegen eher dekorativ als nützlich.

Chemische Mittel

Bei der Schädlingsbekämpfung werden mehrere chemische Stoffe verwendet. Sie reichen von den stark toxischen Organophosphorsäureestern über die schon etwas weniger giftigen Karbonate bis hin zum relativ »harmlosen« natürlichen Pyrethrum bzw. den chemisch hergestellten Pyrethroiden, die am häufigsten verwendet werden.

95

Die Parasitenforschung gegen Insekten entwickelt sich sehr schnell. Erkundigen Sie sich in Gartenzentren nach neuen Methoden auf diesem Gebiet.

Harmlos und effizient: Pheromonfallen

Kleider- und Lebensmittelmotten lassen sich sehr gut mit Hilfe von Pheromonfallen bekämpfen, ein mit dem männlichen Sexuallockstoff Pheromon und einer Leimschicht versehenes festes Papier, das in Küchen- und Kleiderschränke gelegt wird. Durch den Geruch der Sexuallockstoffe angezogen, bleiben die Männchen an der Leimschicht hängen und gehen zugrunde. Pheromonfallen sind ein gutes (und harmloses!) Abwehrmittel, da auf diese Weise keine neuen Generationen von Motten mehr gezeugt werden können, während die bereits bestehende Population ausstirbt. Im Sommer sollten Sie allerdings immer darauf achten, die Türen der Küchen- und Kleiderschränke geschlossen zu halten, da sonst auch Tiere aus dem Freien durch die Duftstoffe angelockt werden. In den USA sind mittlerweile Pheromonfallen gegen lästige Vorratskäfer auf dem Markt, die wahrscheinlich bald auch bei uns erhältlich sein dürften.

Pyrethrum und Pyrethroide

Pyrethrum ist eine natürliche Substanz, die aus speziellen Chrysanthemenarten gewonnen wird und auf Schädlinge tödlich wirkt. Dabei sind jedoch zwei Aspekte zu berücksichtigen:

▶ Der Anbau der Chrysanthemen ist sehr aufwendig, so dass natürliches Pyrethrum nicht gerade billig ist.

▶ Pyrethrum zerfällt sehr schnell und wird dabei in natürliche, ungiftige Substanzen umgewandelt, im aktiven Stadium ist das Gift jedoch auch schädlich für den Anwender. Da es sich schnell auflöst, kann es zwar keinen großen Schaden anrichten, doch haben dadurch auch die Schädlinge recht gute Aussichten, die Vergiftung zu überleben.

Um die Wirkungsdauer des natürlichen Pyrethrums zu verlängern, wurden pyrethrumähnliche Stoffe entwickelt, die als Pyrethroide bezeichnet werden. Sie sind zum Teil chemisch so verändert, dass sie erst nach Monaten zerfallen und damit zu den Langzeitinsektiziden zählen. Aus diesem Grund wird zunehmend – auch vom Bundesgesundheitsamt – vor der Verwendung von Pyrethroiden in Wohn-

96 Vorsicht bei im Ausland gekauften Insektiziden: Bedenken Sie, dass die in den Insektiziden enthaltenen Stoffe oft stark gesundheitsgefährdend sind!

räumen gewarnt. Ist ihr Einsatz dennoch unbedingt erforderlich, beachten Sie bitte die auf der Packungsbeilage angeführten Verhaltensmaßregeln oder – noch besser – beauftragen Sie einen Schädlingsbekämpfer mit dem Insektizideinsatz.

97

Nach der Anwendung von Pyrethrum oder Pyrethroiden müssen Sie den Raum sofort für mindestens 30 Minuten verlassen und anschließend gründlich lüften, denn das Gift ist im aktiven Stadium auch für den Anwender gesundheitsschädlich.

Wie wirken Pyrethroide auf Insekten?

Die in den Pyrethroiden enthaltenen Wirkstoffe lähmen die Weiterleitung von Impulsen und Signalen in den Nervenbahnen.
▶ Um also zu vermeiden, dass unnötige Mengen Gift in die Wohnräume gelangen, ist es besser, gleich einen Fachmann zu beauftragen.
▶ Außerdem ist diese Bekämpfungsmethode nur in den aktiven Insektenstadien sinnvoll. Der Einsatz von Pyrethroiden bei Larven in ihren Ruhephasen während der Überwinterung oder bei Puppen und Eiern bringt kaum Erfolg.

Wie wirken Pyrethroide auf den Menschen?

Pyrethroide haften an Staubpartikelchen und gelangen so durch die Atemluft in die Lunge. Auch der direkte Kontakt des Gifts mit der Haut kann verschiedene Beschwerden zur Folge haben:
▶ Reizungen der Schleimhäute mit starkem Nies- und Hustenreiz
▶ Benommenheit
▶ Gefühllosigkeit oder »Ameisenlaufen« auf der Haut.

Vorsicht beim Einsatz von Pyrethroiden!

Der Einsatz von chemischen Bekämpfungsmitteln sollte selbstverständlich nur in den von Schädlingen befallenen Räumen stattfinden. Kinder, Kranke, asthmagefährdete Personen, Tiere und Pflanzen dürfen mit Pyrethroiden oder Pyrethrum auf keinen Fall in Berührung kommen.

Der Schädlings-
bekämpfer

Auch wenn Ihnen der Gang zum Schädlingsbekämpfer zu teuer erscheint und es sie reut, Ihr Geld für Ungeziefer auszugeben: Tun Sie es trotzdem. Bedenken Sie, dass eine Entgiftung von unsachgemäß behandelten Räumen letztlich noch teurer wird und die Gesundheit Ihrer Familie mit Geld nicht aufzuwiegen ist.

Ein verantwortungs-
bewusster Schädlings-
bekämpfer setzt so wenig
Gift wie möglich ein.

Woran erkennen Sie einen guten Schädlingsbekämpfer?

Obwohl bei diesem Beruf mit viel Gift hantiert wird, gibt es in Deutschland bislang keine offiziell anerkannte Ausbildung zum Schädlingsbekämpfer, so dass jeder diesen Titel als Berufsbezeichnung führen kann, ohne sich strafbar zu machen.

Um zur Prüfung als »Staatlich geprüfter Schädlingsbekämpfer« an der Industrie- und Handelskammer zugelassen zu werden, muss eine dreijährige Berufspraxis bei einem Schädlingsbekämpfer oder in einem vergleichbaren Beruf, beispielsweise als Gebäudereiniger, nachgewiesen werden. Das heißt: Ungelernte Kräfte müssen zuerst den Beruf ausüben, um dann die Zulassung zur Prüfung zu bekommen.

Vorbereitende Kurse, um zur Prüfung zugelassen zu werden, sind nicht zwingend erforderlich. Zu einem »Staatlich geprüften Desinfektor« gehört zwar auch eine Schädlingsbekämpfungsausbildung, doch umfasst diese nicht mehr als einen halben Schulungstag (!).

Besser ist die Lage in der ehemaligen DDR, denn hier wurde bereits vor Jahren für die Schädlingsbekämpfung ein handwerklicher Ausbildungsberuf geschaffen. Wenn Sie also in einem der neuen Bundesländer wohnen, wird das Problem, einen gut ausgebildeten Schädlingsbekämpfer zu finden, weniger brisant sein als in Westdeutschland.

98

Bestehen Sie darauf, dass bei der Bekämpfungs- aktion immer ein aus- gebildeter Schädlings- bekämpfer anwesend ist. Hilfskräfte sollten nur unter fachmännischer Aufsicht arbeiten.

Achten Sie zu Ihrer Sicherheit auf folgende Punkte:

▶ Der Schädlingsbekämpfer sollte ein Zeugnis als »Staatlich geprüfter Schädlingsbekämpfer« vorweisen können.

▶ Er macht eine sorgfältige Befallserhebung und kann Ihnen genaue Auskunft über »Ihr« Ungeziefer geben.

▶ Er prüft sämtliche Möglichkeiten einer mechanischen oder biologischen Bekämpfung, bevor er zur »chemischen Keule« rät.

▶ Er lässt ungelernte Mitarbeiter nur unter Aufsicht arbeiten.

▶ Er beginnt erst mit der Arbeit, nachdem er sämtliche Schutzmaßnahmen getroffen bzw. überprüft hat.

▶ Er gibt Ihnen genaue Anweisungen, wie Sie sich nach der Bekämpfungsaktion verhalten müssen.

Die größtmögliche Garantie, einen verantwortungsbewussten Schädlingsbekämpfer zu finden, haben Sie, wenn Sie sich an Ihr zuständiges Gesundheitsamt wenden. Weniger empfehlenswert ist dagegen die Methode, die auffälligste Anzeige aus den Gelben Seiten herauszupicken und der Firma »blind« zu vertrauen.

99

Je besser Sie den Einsatz des professionellen Schädlingsbekämpfers vorbereiten, desto geringer wird die physische und psychische Belastung für Ihre Familie und Sie selbst sein.

Vorbereitung für die chemische Schädlingsbekämpfung

Folgende Vorbereitungsmaßnahmen gehören zu einer professionell durchgeführten Bekämpfungsaktion:

▶ Entrümpeln Sie vor der Behandlung vergessene Ecken und Winkel (Ausnahme: Mäusebekämpfung), damit auch diese Stellen frei zugänglich sind.

▶ Entfernen Sie alle frei herumliegenden und -stehenden Gegenstände. Das gilt vor allem für alle Dinge des täglichen Gebrauchs wie Kinderspielzeug, Besteck, Geschirr, Lebensmittel etc.

▶ Rücken Sie, soweit möglich, in den betroffenen Räumen alle Schränke, Kommoden oder Betten von der Wand.

▶ Decken Sie alle Oberflächen von Gegenständen oder Möbeln, die durch das Bekämpfungsmittel verunreinigt werden können und die später mit Nahrungsmitteln in Berührung kommen, in jedem Fall sorgfältig mit einer stabilen und undurchlässigen Folie ab.

▶ Kinder, Kranke, asthmagefährdete Menschen oder Haustiere sollten sich während der Behandlung und danach nicht im Haus oder in der Wohnung aufhalten! Gleiches gilt auch für Aquarien oder Terrarien. Sind die Aquarien zu schwer, müssen sie luftdicht abgedeckt werden. Schalten Sie außerdem die Lüftung ab, damit die insektizidbelastete Luft nicht ins Wasser geleitet wird.

▶ Entfernen Sie außerdem alle Zimmerpflanzen und Blumen aus den von dem Insektizideinsatz betroffenen Räumen.

Nach dem Insektizideinsatz

Nach der Bekämpfungsaktion sagt Ihnen der Schädlingsbekämpfer, wie lange die Einwirkzeit des angewendeten Mittels ist.

▶ Danach müssen Sie die betroffenen Räume über mehrere Stunden gut lüften. Gründliches Lüften ist vor allem in den Räumen wichtig, in denen sich dauerhaft Menschen oder Tiere aufhalten.

▶ Holz, Kunststoffe, Textilien und Tapeten geben die aufgenommenen Wirkstoffe oft erst mit einigen Tagen Verzögerung wieder frei. Aus diesem Grund sollten Sie die betroffenen Zimmer auch an den Folgetagen immer wieder gründlich durchlüften.

Zur Entgiftung (Dekontamination) der Räume sollten Sie:

▶ sämtliche Oberflächen der Möbel und Gegenstände, die sich zu dieser Zeit in den betroffenen Räumen befanden, gründlich mit Schmierseife und heißem Wasser reinigen

▶ alle betroffenen Teppiche gründlich mit einem Staubsauger mit Mikrofilter saugen und Teppiche ins Freie hängen.

Sollten Sie in den ersten Tagen nach der Bekämpfung noch lebende Schädlinge antreffen, ist das kein Grund zur Beunruhigung. Es handelt sich dabei um aus ihrem Versteck gekrochene oder zugewanderte Tiere, die von den Insektiziden auf den behandelten Flächen auch im Nachhinein noch abgetötet werden.

100

Zum Schutz Ihrer Gesundheit sollten Sie die Reinigungsarbeiten nach einem Insektizideinsatz grundsätzlich nur mit Mundschutz und Gummihandschuhen durchführen.

Impressum

© 1998 W. Ludwig Buchverlag, München, in der Econ Ullstein List Verlag GmbH & Co. KG, München
Alle Rechte vorbehalten.
Nachdruck – auch auszugsweise – nur mit Genehmigung des Verlags.

2. Auflage 2000

Redaktion:
Kerstin Wenzel
Projektleitung:
Antje Eszerski
Redaktionsleitung:
Dr. Reinhard Pietsch
Bildredaktion:
Sabine Kestler
Produktion:
Manfred Metzger
Umschlag:
Till Eiden
DTP/Satz:
Maren Scherer
Druck:
Weber Offset, München
Bindung:
R. Oldenbourg, München

Printed in Germany

Gedruckt auf chlor- und säurearmem Papier

ISBN 3-7787-3697-3

Über die Autorin

Charlotte Landau, 1952 in Lüneburg geboren, wuchs auf einem Bauernhof auf. Nach dem Studium als Gartenbauingenieurin war sie lange Zeit als Landschaftsarchitektin tätig, seit einigen Jahren arbeitet sie vor allem als Fachjournalistin für namhafte Verlage. Durch Elternhaus und Beruf kennt sie sich gut aus im Umgang mit »ungebetenen Hausgästen«, wobei ihr Schwerpunkt vor allem auf natürlichen und mechanischen Methoden der Ungezieferbekämpfung liegt.

Hinweis

Das vorliegende Buch ist sorgfältig erarbeitet worden. Dennoch erfolgen alle Angaben ohne Gewähr. Weder Autor noch Verlag können für eventuelle Nachteile oder Schäden, die aus den im Buch gemachten praktischen Hinweisen resultieren, eine Haftung übernehmen.

Bildnachweis

Bavaria, Gauting: 1 (Lederer), 8 (Friedhelm Thomas), 34 (FPG), 80 (Pölking), 84 (ISP); Bildarchiv Paysan, Stuttgart: 35, 63, 67; Das Fotoarchiv, Essen: 30 (Thomas Mayer), 60 (Peter Hollenbach), 82 (Jochen Tack); Mauritius, Mittenwald: U1/Fond (Cash), 48 (Hubatka), 87 (Hackenberg); Werner Hama, München: U1/Einkl.; Müller M., München: 9, 22, 24, 25, 27, 43, 44, 46, 47, 49, 52, 61, 62, 68, 72, 77; Okapia, Frankfurt: U4, 21, 36, 39 (Manfred P. Kage), 10 (O. Cabrero i Roura), 11 (Dr. Frieder Sauer), 15 (Hans-Peter Schaub), 19 (Hapo), 20 (Chris Martin Bahr), 31 (CDC/PR Science Source), 33 (Franz Hecker), 40 (Mike Birkhead), 45 (Lond.Sc.Films/OFS), 50, 58 (NAS/T. Mc. Hugh), 57 (Prof. Dr. H. Mehlhorn), 64 (Ulrich Groß), 65 (Kiepke), 75 (M. Wendler), 76 (Jürgen Vogt), 78 (M.P.L. Fogden/OSF), 79 (Karl-Heinz Kuhn); Prokop Gerhard, München: 16, 17, 18, 26, 32, 38, 54, 55, 56, 66; Tony Stone, München: 42 (Keith Morton), 74 (Chris Thomaidis); Bilderberg, Hamburg: 91 (Frieder Blickle); Wildlife, Hamburg: 12, 13, 14, 28, 53, 70, 71 (P. Hartmann), 41 (Jürgen Kottmann)

Register der Ungezieferarten

Sachregister